누가 왜 기권하는가

: 투표 참여와 기권의 정치경제학

누가 왜 기권하는가

: 투표 참여와 기권의 정치경제학   강우진, 권혁용 지음

정치연구총서 06

● REC

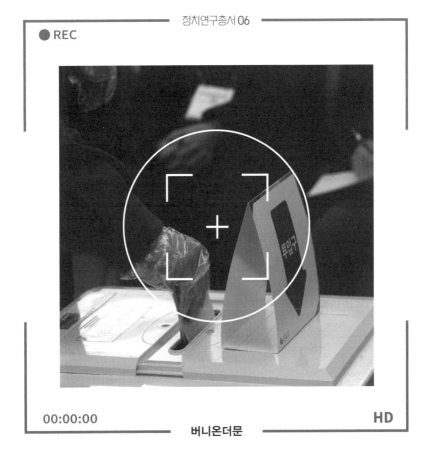

00:00:00   HD

버니온더문

현대 민주주의는 주권자인 시민이 대표자를 선출해서 자신의 주권을 일정 기간 위임해서 주권을 실현하는 대의 민주주의 체제다. 대의 민주주의에서는 대표자를 선출하는 과정에서 근본적인 딜레마가 존재한다. 이러한 딜레마는 주권자인 시민과 대표자 사이에서는 주인과 대리인(principal and agent) 문제로 대표된다. 첫째, 대표자를 선출할 때 주권자의 이해관계를 가장 잘 실현할 수 있는 최적의 후보자를 선출할 수 있는지다. 둘째, 선거에서 시민들이 선출한 대표자가 주권을 위임한 정해진 임기(한국에서는 대통령의 경우 5년, 국회의원의 경우 4년) 동안 주권자의 요구를 (정책적으로) 잘 실현했는지를 어떻게 잘 평가할 것인가이다. 대의 민주주의에서 시민들이 아무리 최선을 다한다고 해도 정보의 비대칭성(informational asymmetry)으로 인해서 최적의 후보자를 선출하지 못하는 경우가 종종 발생한다. 또한 대표자의 실적을 평가하는 다음 선거에서도 대표자의 실적에 따라서 기회를 다시 한번 주거나 아니면 다른 후보자를 선출하는 때도 상벌(reward-punishment) 메커니즘이 제대로 작동하지 않을 수 있다. 대표자의 기회주의적 행동과 대표자의 실적에 대한 정확한 평가의 어려움 등 적지 않은 제약이 존재한다.

이처럼 대의 민주주의에는 근본적인 딜레마가 존재하지만, 주권자가 주권을 실현하는 가장 중요한 통로는 투표의 참여다. 이러한 면에서 현대 민주주의에서 투표 참여의 중요성을 아무리 강조해도 지나치지 않다. 물론 선거 참여만이 현대 민주주의에서 주권자가 주권을 실현하는 유일한 방법은 아니다. 보통 비전통적 또는 비관습적 정치참여로 알려진 다양한 형태의 정치참여 방식도 존재한다. 특히 한국 시민들은 민주화 이후 현재까지 제도권 정치가 시민들의 요구에서 많이 벗어나 대표성이 위기에 직면할 때 광장에 모여서 직접 행동을 통해서 시민들의 저항을 자주 표출했다. 대표적으로 효순·미순 촛불, 노무현 대통령 탄핵 반대 촛불, 광우병 촛불, 그리고 가장 극적인 사례로서 박근혜-최순실 게이트가 촉발한 촛불 항쟁이 있다. 또한 광장의 저항은 진보 진영에만 국한되지 않았다. 박근혜 대통령 탄핵 반대를 위한 이른바 태극기 집회가 우파 진영의 광장 정치의 대표적 사례다. 이른바 촛불과 태극기 집회는 문재인 정부에서도 지속되었고, 각각 진보 진영과 극우 진영의 시민들의 직접 행동을 대표하는 집회로 자리 잡았다.

이러한 면에서 한국 민주주의는 민주주의 제도적 안정성과 광장의 정치가 결합된 독특한 사례다. 한국 민주주의의 이러한 특징에도 불구하고, 광장의 정치가 아니라 투표 참여가 시민이 주권을 실현할 수 있는 가장 중요한 통로인 것에는 이견이 없다. 정치참여에 대한 선행연구는 '누가 왜 참여하는가'와 같은 투표 참여를 둘러싼 이슈에 집중되었다. 그렇다면 이 연구는 왜 투표 참여자가 아니라 기권자에 주목하는가?

이 연구가 기권자에 주목하는 이유는 기권자와 투표 참여자의 차이가 만들어낼 수 있는 정치적 결과, 특히 대표성의 편향(the bias in the representation)에 주목하기 때문이다. 두루 알듯이 민주주의 기초는 정치적 평등이다(Dahl 2006; Verba 2003). 민주주의는 정치적으로 평등한 시민들의 선호에 지속적으로 반응하는 체제다(Dahl 1971). 이처럼 현대 대의 민주주의 체제의 핵심 요소인 '민주주의 반응성'(democratic responsiveness)은 시민들의 참여에 의존한다. 투표하지 않으면 고려되지 않는 것이다. 왜냐하면 선거에서 당선과 재선이 일차적인 목표인 선출직 공직자들은 자신의 당선과 재선에 도움이 되는 집단의 목소리에 더 반응하는 것은 충분히 예측할 수 있기 때문이다.

만약에 기권자 집단과 참여자 집단의 사회경제적 배경에 큰 차이가 없다면, 그리고 두 집단이 뚜렷이 구별되는 서로 다른 정책적 선호를 가지고 있는 게 아니라면, 두 집단의 투표율 차이가 대표성의 편향으로 이어지지 않을 수 있다. 하지만 두 집단이 서로 다른 사회경제적 배경을 가지고 있고, 이에 따라서 서로 다른 선호를 하고 있다면 문제는 달라진다. 더구나 기권자 집단과 참여 집단의 구분과 차이가 구조화된다면 참여의 불평등이 대표의 불평등으로 이어지고, 결국 불평등한 민주주의(unequal democracy)로 귀결된다.

　일찍이 레이파트(Lijpart 1997)는 미국 정치학회 회장 연설을 통해서 낮은 투표율이 민주주의에 미치는 위험에 대해 설파한 바 있다. 그가 구체화한 낮은 투표율이 중요한 다섯 가지 이유는 1) 낮은 투표율은 하위 계층(less well-to-do) 시민들에게 체계적으로 집중되어 있고, 2) 낮은 투표율은 낮은 정치적 영향력을 가져오며, 3) 미국의 낮은 투표율은 다른 나라와 비교해 보더라도 낮고, 4) 중간 선거와 지방 선거에서 투표율은 특히 낮으며, 5) 투표율의 하락이 보편적이기 때문이다. 중요한 사실은 미국을 대상으로 한 레이파트의 경고가 민주화 이후 한국의 투표 행태에도 대체로 잘 들어맞는다는 사실이다.

　강우진이 집필한 이 책의 1장은 평화적 정권교체를 이룬 후 치러졌던 첫 번째 대선인 제16대 대통령 선거(이하 '대선') 이후 가장 최근 대선인 제20대 대선까지, 다섯 번의 대선을 사례로 해서 한국 선거 정치에서 기권자를 분석하는 것을 목적으로 한다. 국회의원 선거가 아니라 대선에 주목하는 것은 다음과 같은 이유다. 먼저, 민주화 이후 가장 최근 대선까지 대선 평균 투표율은 76.96%, 국회의원 선거 평균 투표율은 61.5%를 나타내 평균 15% 정도의 차이를 보였다. 유권자가 더 많이 참여하는 선거에서 기권자를 연구하는 것이 기권자 연구의 취지에 더 적합하다고 판단한다. 또한 전임자에 대한 평가, 지역 요인, 후보자 요인, 공천 등 다양한 요인에 의해서 영향을 받을 수 있는 국회의원 선거보다는 전국적인 이슈로 정당의 동원이 극대화되는 선거인 대통령 선거를 통해 기권자를 분석하는 것이 이 연구의 취지에 더 부합한다. 1장 내용의 일부는 2018년도 국회사무처 연구용역보고서 '한국 의회 민주주의에서 투표 불참자 집단에 대한 연구'에서 관련 부분을 대폭 수정한 후 부분적으로 활용했다.

1장은 다음과 같이 전개된다. 먼저, 민주화 이후 한국 선거에서 투표율의 변화를 살펴본다. 다음으로 '누가 선거에 기권하는가'에 대해 답하기 위해서 민주화 이후 대선에서 투표 기권자의 사회경제적 배경의 영향을 분석한다. 이를 기반으로 투표 기권에 영향을 미치는 요인을 분석한다. 구체적으로 스스로 밝힌 투표 기권 이유, 이전 선거에서 기권 여부, 선거에 관한 관심, 정책적 차이에 대한 인식, 투표효능감과 정치효능감, 정당 일체감, 정치이념, 주요 정책에 대한 태도가 투표 기권에 미치는 영향을 분석한다. 마지막으로 민주화 이후 대선에서 투표 기권 결정요인과 정책적 함의를 분석한다.

권혁용이 집필한 2장은 투표 참여의 정치경제학을 다룬다. 투표 참여의 소득편향, 그리고 소득 불평등과 투표 참여의 관계에 관한 비교정치학적 이론들을 소개한다. 이를 바탕으로 한국 선거에서 나타난 소득 및 소득 불평등에 따른 투표율 변화를 추적한다. 서구의 경험과 달리 한국의 저소득층 상당수가 노년층이며, 노년층 유권자의 상당수가 저소득층이라는 점, 그리고 노년층 대부분이 보수적 정치성향을 갖고 있다는 점이 한국 투표 참여를 설명하는 데에 매우 중요한 맥락으로 제시된다. 선거 승리를 목적으로 하는 정당의 입장에서는 지지를 극대화하기 위해 정책과 비전 제시를 통한 설득 작업과 지지 세력을 투표장으로 이끄는 동원 작업을 잘 수행하는 것이 관건이다. 설득과 동원을 통해 표심을 얻어야 한다. 누가 기권하는가, 그리고 누가 투표하는가의 문제는 누가 대표되는가와 맞물려 있다. 참여와 대표의 문제, 민주주의를 위해 중요한 문제가 아닐 수 없다. 2장 내용의 일부는 〈정부학연구〉 24권 2호(2018, 61-84)에 게재된 "소득과 투표 참여의 불평등: 한국사례 연구, 2003-2014"를 활용했다. 이 주제에 대한 연구 과정에서 한서빈(오하이오주립대 정치학과 박사과정) 님과 김대용(고려대 정치외교학과 석사과정) 님이 함께 작업하고 도움을 주었다. 감사의 말을 전한다.

2024년 1월
강우진, 권혁용

정치연구총서 06

CONTENTS

◆ 들어가는 말 ◆   4

1장
누가 왜 기권하는가?

민주화 이후 한국 선거에서 투표율의 변화   14

누가 선거에 기권하는가?   20
    사회경제적 배경과 투표 참여   21
    한국 대선에서 사회경제적 배경의 영향   30

무엇이 투표 기권에 영향을 미치는가?   35
    투표 기권 이유   35
    이전 선거 기권   39
    선거에 관한 관심   41
    정책적 차이에 대한 인식   44
    투표효능감과 정치효능감   46
    정당 일체감   51
    정치이념   54
    주요 쟁점 정책에 대한 태도   58

투표 기권 결정요인과 정책적 함의   64
    기권 결정요인   64
    정책적 함의   68

2장
투표 참여의 정치경제학

투표 참여의 정치경제학   76
  투표 참여와 민주주의   77
  소득과 투표 참여   78
  투표 참여의 합리적 선택 이론   80
  불평등과 투표 참여   83

투표 참여의 소득편향과 한국 민주주의   89
  투표 참여의 소득편향   89
  불평등과 투표 참여의 소득편향   99
  투표 참여와 한국 민주주의   102

참고문헌   107

정치연구총서 06

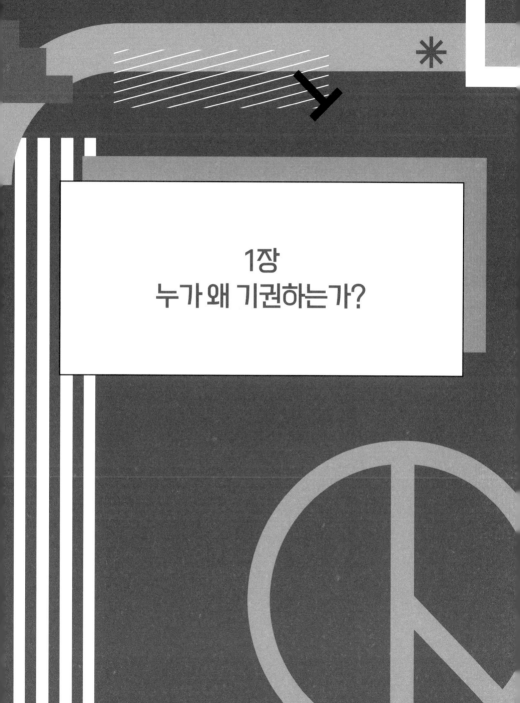

1장
누가 왜 기권하는가?

민주화 이후
한국 선거에서
투표율의 변화

민주화 이후 한국 선거에서 시민들의 투표율은 어떻게 변해왔나? 열광의 순간(the moment of madness)에서 가장 높았던 시민들의 투표 참여는 선거를 거치면서 점점 낮아지는 것이 일반적 경향이다. 한국도 광복 후 제헌 의회 선거(1948. 5. 10)에서 95.5%로 역대 최고의 투표율을 기록했다. 당시 시대 상황을 고려할 때 광범위한 동원에 의한 투표의 가능성을 배제할 수는 없다고 하더라도 열광의 순간의 효과를 확인할 수 있다. 민주화 이후 첫 번째 선거였던 제13대 대통령 선거(1987. 12)에서도 시민들의 투표 참여 열기는 폭발했다. 역대 두 번째, 민주화 이후 최고 투표율인 89.2%를 기록했다.

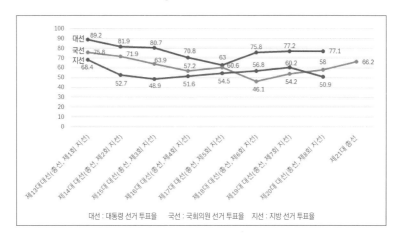

민주화 이후 각종 선거에서 투표율의 변화 추이

대선 : 대통령 선거 투표율   국선 : 국회의원 선거 투표율   지선 : 지방 선거 투표율

　위 그림은 민주화 이후 가장 최근 선거인 제20대 대통령 선거 (2022. 12)까지 대통령 선거, 국회의원 선거, 지방 선거에서 투표율 의 변화를 나타내고 있다. 위 그림을 통해서 각종 선거에서 나타난 투표율에 대한 몇 가지 중요한 특징을 도출할 수 있다. 첫째, 대통 령 선거, 국회의원 선거, 지방 선거 모두 민주화 이후 첫 번째 선거 에서 가장 높은 투표율(각각 89.15%, 75.80%, 68.40%)을 기록했다. 이 후 선거가 거듭되면서 하향 곡선을 그리면서 등락을 거듭했다. 대 선의 경우 민주화 이후 정초선거(the founding election)였던 제13대 대선에서 89.2%를 기록한 후, 1992년 제14대 대선 81.9%, 1997 년 제15대 대선 80.7%, 2002년 제16대 대선 70.8%, 2007년 제 17대 대선 63.0%를 기록해 지속해서 하락했다. 이후 제18~19대 대선에서는 반등해서 2012년 제18대 대선에서는 75.8%, 2017년

제19대 대선에서는 77.2%를 기록했다. 가장 최근 선거인 제20대 대선에서는 77.1%로 나타나 보합세를 기록했다. 제18대~제20대 대선에서 나타난 상승세가 일시적인 반등인지 새로운 경향의 출현인지는 좀 더 살펴보아야 한다. 하지만 지난 세 번의 대선은 이전의 대선과 다른 정치적 상황에서 치러졌다는 점은 분명하다. 제18대 대선은 민주화 이후 최초로 민주화 진영과 산업화 진영 사이의 진영 간 양자 대결로 치러졌다. 또한 제19대 대선은 촛불 항쟁의 결과로서 많은 시민의 높은 관심 속에서 오자 대결로 치러졌다. 가장 최근 선거인 제20대 대선은 양 진영의 최대한 동원이 이루어진 선거였다. 또한 양당 후보에 대한 부정적 당파성(negative partisanship)이 크게 작동한 선거였다. 이 결과 제20대 대선은 1위 후보와 2위 후보 사이에 역대 최저 득표율 차(0.73%)를 기록했다.

둘째, 전국 단위 선거가 지방 선거보다 더 높은 투표율을 기록했다. 대체로 대선이 가장 높았으며, 국회의원 선거, 지방 선거가 뒤를 이었다. 대선과 마찬가지로 민주화 이후 최초의 선거였던 1988년 제13대 국회의원 선거의 투표율은 가장 높은 75.8%를 기록했다. 이후 지속해서 하락해 1992년 제14대 국회의원 선거에서 71.9%, 1996년 제15대 국회의원 선거에서 63.9%, 2000년 제16대 국회의원 선거에서 57.2%를 기록했고, 2004년 제17대 국회의원 선거에서 60.6%, 2008년 제18대 국회의원 선거에서는 46.1%까지 하락해 최저치를 기록했다. 대선과 비슷하게 지난 세 번의 선거에서 상승했다. 2012년 제19대 국회의원 선거(2012)에서는

54.2%, 2016년 제20대 국회의원 선거(2016)에서는 58%, 제21대
국회의원 선거(2020)에서는 66.2%를 기록했다.*

OECD와 한국의 의회 선거에서 투표율의 비교

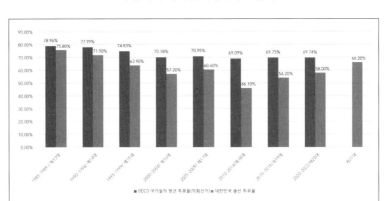

  한국 시민들의 투표율은 다른 나라와 비교할 때 어떤 수준인가?
위 그림은 OECD 국가와 한국의 국회의원 선거 투표율을 비교한
것이다. 위 그림을 통해서 한국 시민들의 투표 참여 수준을 비교적
시각에서 살펴볼 수 있다.

  국회의원 선거 투표율을 기준으로 OECD 국가와 비교할 때 한
국의 투표율은 지속해서 낮은 수준을 기록했다. 가장 최근 국회
의원 선거를 보면 한국의 투표율은 66.2%를 기록해 전체 조사 대

---

* 민주화 이후 35년 간 대통령 선거는 평균 76.96%의 투표율과 23.04%의 기권율을 보였다. 국회의원 선
  거는 61.54%의 투표율과 38.46%의 기권율, 지방 선거는 55.48%의 투표율과 44.52%의 기권율을 나타
  냈다.

상 33개국 중 중하위권(20위)을 기록했다. 비교 기간을 민주화 이후 시기로 확장해도 이와 같은 결과는 별반 다르지 않다. 민주화 이후 가장 최근 선거까지 한국 국회의원 선거의 평균 투표율은 61.54%, 기권율은 38.46%였다. 이 수치는 같은 기간 OECD 국가의 평균 투표율 72.69%보다 낮고, 기권율 27.31%보다 높은 수치다.

앞서 살펴본 것처럼 민주화 이후 한국의 투표율은 최근 세 번의 선거에서 일시적인 반등이 있었지만, 지속해서 하락하는 추세였다. 또한, 한국의 투표율은 비교적 시각에서 볼 때 상대적으로 낮은 편이었다. 그렇다면 선거 기권자 집단과 투표자 집단 사이에는 어떠한 차이가 존재하는가?

뒤에서 자세히 살펴보겠지만 장기적인 추세를 살펴볼 수 있는 CSES 통합 자료(module 1~module 4)에 기반을 두어 투표자와 기권자 집단 사이에 투표효능감(*누구에게 투표하는지 여부가 차이가 있다,* 1: 차이가 전혀 없다~5: 매우 큰 차이가 있다)과 민주주의 만족에서 어떠한 차이가 있는지 살펴보자. 투표 참여자의 경우 투표효능감 평균은 3.938이었지만 기권자는 3.538에 그쳤다. 투표효능감은 선거에서 투표 참여와 기권에 의미 있는 영향을 미쳤다(Pearson chi2(4) = 95.3547 Pr = 0.000). 대의 민주주의 핵심 통로인 선거에 기권한 유권자는 투표한 유권자에 비해서 투표효능감을 불신한 집단이었다.

투표 기권과 참여는 투표효능감을 넘어 민주주의 체제에 대한 만족과도 연관이 있는가? 앞의 CSES 통합 자료에서 민주주의에 대한 만족은 6점 척도로 측정된 원자료를 3점 척도(0: 불만족, 1: 불만족도 만족도 아님, 2: 만족)로 재구성했다. 투표 참여자의 민주주의 만족 평균은 0.736인 반면에 기권자의 경우 민주주의 평균은 0.707에 그쳐서 두 집단 간 상당한 차이가 나타났다. 민주주의 만족 변수는 투표효능감과 마찬가지로 투표 참여와 기권에 의미 있는 영향을 미쳤다(Pearson chi2(5) = 18.8740 Pr = 0.002).

앞의 예비적인 분석으로부터 한국에서 국회의원 선거에서 투표에 기원한 집단은 투표효능감에 대한 불신을 가진 집단이었으며, 나아가 민주주의 체제의 작동방식에 대해서도 불만을 가진 집단일 가능성이 크다는 것을 알 수 있었다.

누가 선거에
기권하는가?

앞서 살펴본 대로 민주화 이후 적지 않은 한국 시민들이 각종 선거에서 계속 기권했다. 그렇다면 누가 선거에 기권하는가? 이 장은 기권자의 사회경제적 배경이 투표 기권에 미친 영향을 살펴본다. 대의 민주주의 핵심적 차원인 정치참여에 영향을 미치는 변수로써 사회경제적 지위(Socioeconomic status)의 역할에 관해서는 미국 사례를 중심으로 많은 문헌이 존재한다(Campbell et al 1960; Verba et al 1995; Wolfinger and Rosenstone 1980). 이 시각에 따르면 사회경제적 지위가 높은 시민들은 지위가 낮은 시민에 비해서 정치참여를 더 많이 하는 경향이 있다. 퓨리서치 센터의 조사에 따르면 2018년, 2022년 중간 선거에서 연령, 학력, 가구 소득이 투표 기권과 참여에 미치는 영향이 확인되었다. 청년층, 저소득층, 저학력층이 더 많이 기권하는 경향이 두드러졌다(Pew Research Center 2023).

사회경제적 배경과 투표 참여

한국에서 시민들의 사회경제적 배경은 시민의 투표 참여와 기권에 어떤 영향을 미치는가? 대표적인 사회경제적 배경인 학력, 소득, 연령, 성별, 결혼 여부, 거주지 규모를 중심으로 시민의 사회경제적 배경과 투표 참여와 기권 사이의 관계를 살펴보자.

먼저 학력의 영향을 살펴보자. 학력과 정치참여의 관계에 대해서는 많은 앞선 연구가 이미 존재한다(Almond and Verba 1963; Marsh and Kaase 1979; Verba et al 1995). 민주주의가 제대로 작동하기 위해서는 일정한 교육 수준을 가진 시민들이 다수 존재해야 한다. 학력이 높은 유권자는 낮은 유권자에 비해서 정치참여에 필요한 정치적 지식을 더 쉽게 얻을 수 있다. 또한 복잡한 정치 현상에 대해서 해석할 수 있는 인지 기술(cognitive skill)을 확보할 수 있고, 정치적 관심이 높을 수 있다. 나아가 시민적 의무(civic duty)로서 투표 행위를 적극적으로 수용할 가능성이 크다(Lewis-Beck et al., 2008; Verba et al., 1995; Wolfinger & Rosenstone, 1980). 이처럼 학력 변수는 정치참여와 연관되어 가장 많이 논의된 요인 중 하나였다.

하지만 많은 경험 연구에 따르면 다른 변수를 함께 고려할 때 학력이 정치참여에 미치는 영향은 예상 밖으로 크지 않았다. 오히려 사회 발전과 함께 선진 민주주의 국가에서 학력 수준이 높아졌음에도 불구하고, 투표 참여 수준은 오히려 하락하는 투표 참여의 역설이 발생했다(Franklin 2004). 또한 학력 수준이 높은 청년 세대가 학력 수준이 더 낮은 노년층에 비해서 정치참여 수준이 낮다는 것이 일반적 경향이다. 따라서 학력은 정치참여에 직접적인 영향을 미치는 영향 변수라기보다는 대리변수(proxy variable)의 역할을 할 가능성이 크다.

학력은 한국 시민의 투표 기권과 참여에 어떠한 영향을 미쳤는가? 한국의 사례는 다른 나라 특히 OECD와 비교해볼 때 어떠한 특징을 보이는가? CSES 통합 자료에 따르면 OECD국가의 경우 학력이 투표 참여 여부에 뚜렷한 영향을 미치는 것으로 나타났다(Pearson chi2(5) = 2.6e+03 Pr = 0.000). 구체적으로 보면 무학력자와 초등학교 졸업자의 경우 투표 기권 비율이 각각 19.19%와 19.18%인 데 반해서 대학 졸업자는 8.45%에 그쳤다. 학력이 가장 낮은 집단은 가장 높은 집단에 비해서 선거에서 기권하는 비율이 두 배 이상 높았다. 반면에 한국의 경우 같은 자료에 따르면 학력이 투표 참여 여부에 미치는 영향은 분명히 나타나지 않았다 (Pearson chi2(4) = 3.5170 Pr = 0.475). 구체적으로 무학력자의 경우 기권 비율이 27.16%, 초등학자는 22.96%로 나타났지만, 대학 졸업자 이상의 경우 26%로 나타나 한국에서는 학력이 투표 기권에 미치는 직접적인 영향은 드러나지 않았다.

다음으로 시민들의 소득 수준은 투표 참여와 기권 여부에 어떠한 영향을 미쳤는가? 미국 사례를 중심으로 개인적 수준에서 소득 수준과 투표 참여 사이의 관계에 대한 많은 문헌이 축적되어 있다. 관련 문헌에 따르면 소득 수준은 투표 참여와 기권 여부와 유의미한 관계가 있다. 기본적인 필요가 충족되지 않은 시민들은 정치참여에 나서기 어렵다. 소득이 낮은 시민들은 높은 시민들보다 투표에 기권할 가능성이 높았다(Blais 2006; Leighley and Nagler 2014; Scholzman et al 2018). 특히 전 세계적으로 확산된 소득 불평등은 정치참여에서 소득편향에 관한 관심을 확산시켰다. 소득 불평등이 정치참여에 미치는 영향에 대해서는 '상대적 권력'(relative power)이론과 '갈등 이론'(conflict theory)이 대립한다. 상대적 권력 이론에 따르면 고소득층은 정치과정에 더 많은 영향력을 행사할 수 있고 편향된 정치적 대표(biased representation)로 귀결될 수 있다. 이 경우 상대적인 자원이 적은 저소득층은 정치에 덜 관심을 가지고 참여가 감소할 것이다. 반대로 '갈등 이론'에 따르면 소득 불평등 증가는 분배 갈등을 강화해 정치참여를 증가할 수 있다.

OECD 국가를 대상으로 한 분석에서는 교육과 마찬가지로 소득과 투표 참여 여부 사이에는 유의미한 관계가 존재했다(Pearson chi2(4) = 1.4e + 03 Pr = 0.000). 구체적으로 소득 1분위와 2분위의 기권율은 각각 19.86%와 13.37%, 3분위는 14.64%였지만 4분위, 5분위는 각각 12.141%와 10.34%였다. 이처럼 OECD 국가에서 저소득층은 고소득층과 비교해서 투표에 기권하는 비율이 뚜렷하게 높았다(1분위와 5분위 차는 9.52% 차).

한국에서 교육과 마찬가지로 소득과 투표 참여 여부 사이에는 뚜렷한 특징이 나타나지 않았다(Pearson chi2(4) = 3.7877 Pr = 0.435). 소득 1분위 기권율은 24.45%, 2분위는 27.66%로 나타나 하층에서는 소득 분위가 높아지면서 기권율도 높아졌다. 하지만 3분위~5분위에서는 기권율이 다시 낮아졌다. 3분위는 25.72%, 4분위는 25%, 5분위는 19.18%로 낮아졌다. 비록 소득과 투표 참여와 기권 여부 사이에 뚜렷한 관계가 드러나지 않았지만, 소득 1분위 집단(24.25%)과 1분위 집단(19.18%)에는 기권율에서 상당한 차이(5.07%)가 있었다.

앞선 연구에 따르면 사회경제적 배경 변수 중에서 투표 참여와 기권에 가장 뚜렷한 영향을 미치는 변수는 연령이다(Wolfinger and Rosenstone 1980; Rosenstone and Hansen 1993). 연령은 사회 경험에 대한 대리변수 역할을 한다. 비록 교육 수준이 높지 않다고 하더라도 연령의 증가와 함께 축적된 사회 경험은 투표 참여를 촉진하는 변수로 작용할 수 있다(Leighley and Nagler 2014). 연령의 증가와 함께 투표율은 높아지지만, 인생의 후반부에서는 다시 낮아지는 정치적 생애주기 효과도 발견된다(Cutler and Bengtson, 1974).

CSES 통합 자료에 따르면 OECD 국가에서 6급 간으로 측정된 연령(1: 24세 이하, 2: 25~34세, 3: 35~44세, 4: 45~54세, 5: 55~64세, 6: 65세 이상)과 투표 참여와 기권 사이에는 예상대로 뚜렷한 관계가 나타났다(Pearson chi2(5) = 4.3e+03 Pr = 0.000). 연령은 OECD 국

가에서는 곡선과 유사한 관계가 나타났다. 연령이 증가할수록 기권율은 27.52%(24세 이하), 20.67%(25~34세), 15.48%(35~44세), 12.50%(45~54세), 10.76%(55~64세)로 낮아졌다. 하지만 최고령층 집단인 65세 이상 집단에서는 기권율이 미세하게 높아져 11.68%를 기록했다.

앞서 살펴본 학력과 소득 변수의 효과와는 달리 연령과 투표 참여와 기권 사이 관계에서는 OECD 사례에서 나타난 관계와 유사한 관계가 한국에서도 나타났다. 다만 곡선의 관계가 아니라 부정적 선형 관계가 확인되었다(Pearson chi2(5) = 129.1622 Pr = 0.000). 또한 OECD 국가와 비교해서 한국 시민들의 기권율은 더 높게 나타났으며 특히 청년층의 기권율이 더 두드러졌다. 24세 이하 청년층에서는 3분의 1이 훨씬 넘는 39.19%가 기권했고, 25~34세 집단에서는 31.65%, 35~44세 집단에서는 23.88%, 45~54세 집단에서는 19.10%, 55~64세 집단에서는 18.65%, 가장 고령층인 65세 이상 집단에서는 18.56%의 기권율을 나타냈다.

성별이 투표 참여와 기권 여부에 미치는 영향을 살펴보자. 앞선 비교 연구에 따르면 남성이 여성보다 투표장에 더 많이 나가는 경향이 있다. CSES 통합자료에서도 남성보다 여성의 기권율이 다소 높았다. OECD 사례 분석 결과 남성은 14.67%, 여성은 16.17%의 기권율을 보였다. 성별의 차이는 통계적으로 유의미한 결과를 나타냈다(Pearson chi2(1) = 88.0469 Pr = 0.000). 한국에서 남성은 24.46%, 여성은 26.29%의 기권율을 보였다. 하지만 OECD 사례와는 달리 통계적으로 유의미한 결과를 보이지는 않았다(Pearson chi2(1) = 2.0295 Pr = 0.154).

결혼 여부가 투표 참여와 기권에 미치는 영향도 OECD 사례와 한국에서 유사하게 나타났다. 일반적으로, 독신이거나, 이혼자, 그리고 사별한 노인의 경우 결혼해서 동거하는 집단에 비해서 정치 참여 수준이 낮다고 보고된다(Wolfinger and Rosenstone 1980). OECD 사례에서는 결혼하고 동거하는 집단의 기권율은 12.48%에 그쳤지만, 이 외의 집단의 기권율은 20.18%로 나타났다(7.70% 차). 일반적으로 결혼 여부에 연령 변수가 영향을 미치기 때문에 30대 이상 집단을 대상으로 추가로 분석하자 기권율은 각각 11.29%와 17.22%로 나타나 그 차가 5.93%로 줄었다. 하지만 여전히 0.05 수준에서 통계적으로 유의미했다(Pearson chi2(1) = 4.1079 Pr = 0.043). 한국에서 결혼하고 동거하는 집단의 기권율은 18.76%지만, 그렇지 않은 집단의 경우 31.36%로 나타나 후자에서 기권율이 증가했지만, 그 차는 12.6%로 나타나 OECD 사례보다는 적게 나타났다. 한국에서 30세 이상 집단을 대상으로 한 추가 분석에서도 결혼과 함께 동거하는 집단의 기권율은 18.11%로 그렇지 않은 집단은 28.07%로 나타나 전체 집단과 큰 차이는 없었으며 통계적으로도 유의미했다(Pearson chi2(1) = 47.3223 Pr = 0.000).

거주지 규모(1: 농촌, 2: 중소도시, 3: 대도시)가 투표 참여와 기권 여부에 미치는 영향은 OECD 사례와 한국에서 서로 다르게 나타났다. 거주지 종류와 정치참여 사이의 관계는 단선적이지 않다. 농촌지역은 대도시에 비해서 일반적으로 고령층이 더 많이 거주하고, 정치적 참여의 자원이 되는 사회경제적 지위가 낮다. 따라서 농촌지역이 대도시 지역보다 정치적 참여가 낮을 수 있다. 하지만 정치적 참여는 사회적 차원의 압력에 의해서도 영향을 받는다. 농촌지역은 도시지역보다는 더 사회적으로 연결되어 있을 가능성이 크고, 이는 정치참여에 긍정적 영향을 미칠 수 있다. 한국에서 권위주의 시절 투표 행태는 여촌야도(與村野都)의 특징을 보였으며, 농촌지역은 권위주의 정권의 집중적인 동원의 대상이었다. 또한 민주화 이후 지역주의 정당 체제가 제도화된 후에는 지역에 기반을 둔 거대 정당의 정치적 지지 기반 역할을 했다.

OECD 사례에서는 도시 규모가 커질수록 기권율은 하락했다. 농촌지역에서는 18.76%, 중소도시에서는 17.56%, 대도시에서는 14.88%로 나타났다. OECD 국가에서 도시 규모는 투표 참여와 기권 여부에 유의미한 영향을 미쳤다(Pearson chi2(2) = 360.3140 Pr = 0.000). 농촌지역 고령화의 영향을 고려해서 65세 이하 집단을 대상으로 한 분석에서 같은 경향은 변화가 없었다. 반면에 한국에서는 통계적으로 유의미한 뚜렷한 경향이 나타나지 않았다.

CSES 통합 자료를 기반으로 분석한 앞의 분석을 요약하면 OECD 국가에서는 학력, 소득, 연령, 성별, 결혼 여부, 거주지 규모와 같은 사회경제적 배경 변수가 시민들의 투표 기권 여부에 큰 영향을 미쳤다. 학력이 낮을수록, 소득이 낮을수록, 젊을수록, 여성일수록, 독신일수록, 농촌지역일수록 투표에 기권할 확률이 높았다. 한편 한국에서는 학력, 소득, 거주지 규모 변수가 투표 참여와 기권에 두드러진 영향을 미치지 않았다. 반면에 OECD와 같이 연령, 성별, 결혼 여부는 투표 참여와 기권에 유의미한 영향을 미쳤다. 청년일수록, 여성일수록, 결혼하고 동거하고 있는 집단이 아닐수록, 투표에 기권할 확률이 높았다.

정권교체 이후 대선에서 유권자의 사회적 배경과 투표 기권과의 관계
(제16대~제20대 대선)

구분		16대 대선(2002) 기권(11.73)	참여(88.27)	제17대 대선(2007) 기권(21.37)	참여(78.63)	제18대 대선(2012) 기권(10.13)	참여(89.87)	제19대 대선(2017) 기권(19.73)	참여(80.27)	제20대 대선(2022) 기권(13.82)	참여(86.18)
연령	20대	17.93	82.07	33.99	66.01	17.51	82.49	32.0	68.0	10.89	89.11
	30대	12.57	87.43	22.26	77.74	11.45	88.55	20.8	79.2	13.56	86.44
	40대	10.21	88.79	21.43	78.57	8.33	91.67	16.7	83.3	17.59	82.41
	50대	5.64	94.36	11.60	88.40	6.70	93.30	12.3	87.7	16.09	83.91
	60대 이상	7.30	92.70	13.08	86.92	6.82	93.30	20.4	79.6	11.82	88.18
학력	무학 초등졸	4.67	95.33								
	중졸	12.22	87.88	15.76	83.24	6.40	93.60	25.7	74.3	18.18	81.82
	고졸	12.68	87.32	19.48	80.52	10.51	89.49	21.3	78.7	16.67	83.33
	대졸(재)이상	12.29	87.71	24.56	75.44	10.53	89.47	17.9	82.1	13.12	86.88
가구 소득	상층	12.79	87.21	19.11	80.89	11.84	88.16	14.60	85.40	11.97	88.03
	중산층	11.64	88.36	23.19	76.81	9.92	90.08	17.87	82.13	10.95	89.05
	하층	12.39	87.61	20.99	79.01	9.59	90.41	27.84	72.16	21.26	78.74
성별	남	10.26	89.72	22.22	77.78	8.47	91.53	18.3	81.7	14.21	85.79
	여	12.88	87.12	20.40	79.60	11.68	88.32	21.5	78.5	13.44	86.56
결혼 여부	미혼			33.03	66.97	15.13	84.87	31.78	68.22	17.17	82.83
	결혼			15.62	84.38	7.65	92.35	15.48	84.51	11.01	88.99
직업	전문직	10.48	89.52								
	화이트칼라	14.29	85.71	21.74	78.26	12.18	87.82	14.6	85.4	13.16	86.84
	블루칼라	11.94	88.06	24.85	75.15	10.55	89.45	30.2	69.8	15.70	84.30
	자영업	11.85	88.15	13.33	86.67	6.02	93.98	10.7	89.3	12.94	87.06
	농임어업	1.52	98.48	16.98	83.02	7.14	92.86	35.5	64.7	11.11	88.89'
	학생	12.85	87.15	34.86	65.14	17.39	82.61			7.89	92.11
	무직	14.29	85.71	22.50	77.50	3.70	97.30	33.3	66.7		
사례수		1,500		1,200		1,125		1,125		1,172	
출처		사회과학데이터센터 (KSDC)		중앙선거관리위원회 사회과학데이터센터 (KSDC)		중앙선거관리위원회 사회과학데이터센터 (KSDC)		한국정치학회· 중앙선거관리위원회 사회과학데이터센터 (KSDC)		선거학회·(KSDC) 현대정치연구소	

한국 대선에서 사회경제적 배경의 영향

일반적으로 선거 후 여론조사와 실제 투표율과 기권율 사이에는 일정한 차이가 존재한다. 여론조사에서 투표율은 과대 대표되고 기권율은 과소 대표되는 경향이 있다. 앞서 살펴본 대로 제16대 대선~20대 대선 투표율은 각각 70.8%, 63%, 75.8%, 77.2%, 77.1%를 기록했다. 하지만 앞의 표에서 알 수 있듯이 선거 후 여론조사에서 나타난 투표율은 실제 투표율과는 적게는 3.07%(19대 대선)에서 많게는 17.47%(제16대 대선)까지 차이가 났다. 하지만 이글의 관심인 투표 참여 기권에 미친 영향요인을 분석하는 데는 큰 문제가 없다고 볼 수 있다.

평화적 정권교체를 통해서 민주주의 공고화의 디딤돌을 놓았던 국민의 정부 이후 제16대 대선(2002)부터 가장 최근 대선인 20대 대선(2022)까지 다섯 번의 대선에서 나타난 투표 기권자의 사회경제적 배경과 투표 기권 사이의 관계를 살펴보자. 앞의 표가 이를 제시한다.

먼저, 앞서 OECD 국가와 비교에서 영향력이 확인된 연령과 기권 사이의 관계를 살펴보자. 한국 대선에서 선거 후 여론조사 결과를 토대로 살펴보면, 제16대 대선(2002)~제19대 대선(2017)까지 연령과 투표 기권 사이에는 뚜렷한 부정적 관계가 드러났다. 선거마다 폭은 차이가 있었지만 연령 증가와 함께 투표 참여율이 높아지다가 가장 높은 연령층인 60대 이상에서는 소폭 하락하는 곡선 관계가 확인되었다.

흥미로운 것은 제20대 대선(2022)이다. 역대 최저 득표율 차를 보인 제20대 대선은 청년층이 대선의 주역으로 부상한 선거였다. 이 선거에서 청년층은 앞선 선거와는 달리 선거에 적극적으로 참여했다. 이 결과 선거 후 여론조사에 따르면 20대 이하 청년층의 기권율은 60대 이상의 기권율에 이어서 두 번째로 낮았다. 이에 따라서, 제20대 대선에서는 앞선 선거에서 나타났던 연령과 투표 참여 사이의 유의미한 곡선형의 관계가 사라졌다. 중앙선관위 자료(2022. 09. 30)에 따르면, 제20대 대선에서 20세 이하 청년층의 투표율은(18세 71.3%, 19세 72.5%, 20대 71%) 50대(81.4%)와 60대(87.6%)보다 낮았지만, 30대(70.7%)보다 높았으며 40대(74.2%)와 큰 차이를 보이지 않았다. 제20대 대선에서 나타난 청년층의 투표 참여 경향이 새로운 흐름을 만들어낼지는 지켜보아야 한다. 제20대 대선 사례를 통해서 선거 과정에서 청년 이슈가 현저한 이슈(salient issue)가 되었고, 청년층이 중추적 행위자로 부상한 선거에서는 청년층의 정치참여가 증가할 수 있다는 의미 있는 시사점을 얻을 수 있다.

학력 변수는 투표 참여 기권에 유의미한 영향력을 미치지 않았으며, 그 영향력의 방향 또한 일관된 패턴을 보이지 않았다. 제16대~제18대 대선에서는 학력이 높아질수록 기권율이 높아졌다. 흥미로운 것은 가장 최근 두 번 대선에서 나타난 변화다. 비록 통계적으로 유의미한 관계로 나타나지는 않았지만, 제19대 대선~제

20대 대선에서는 학력이 낮을수록 기권율이 높았으며 학력이 높을수록 기권율은 낮았다.

가구 소득도 비슷한 양상이 나타났다. 제16대~제18대 대선까지는 소득 구간과 투표 참여와 기권 사이에는 뚜렷한 유의미한 관계가 나타나지 않았다. 하지만 제19대 대선과 제20대 대선에서는 소득과 투표 기권과 참여 사이에는 뚜렷한 유의미한 선형적인 관계가 나타났다. 소득 최하층은 투표에 더 많이 기권하지만, 소득 상층은 더 많이 참여했다. 앞선 연구에 따르면 한국 선거에서 소득이 낮은 시민이 진보정당을 지지하고, 소득이 높은 시민이 보수정당을 지지하는 일반적인 소득 기반 투표는 활성화되지 않았다(문우진 2017; Kang 2017). 소득에 따른 투표 참여와 기권 여부에 대해서는 많은 앞선 연구가 크게 주목하지 않았다. 앞의 분석에 따르면 제19대 대선 이후 소득에 기반을 둔 투표 참여 정치는 활성화의 계기가 마련한 것으로 보인다.

대선 후 여론조사에서 처음으로 재산 관련 문항이 추가된 제19대 대선 유권자 의식 조사에서 가구 자산과 투표 참여와 기권 사이에는 유의미한 관계가 확인되었다(Pearson chi2(10) = 23.4946 Pr = 0.009). 자산 1억 원 미만 하층의 경우 기권율이 31.48%였던 반면에 9억 원 이상의 상층은 18.52%로 감소했다. 제20대 대선에서도 비슷한 경향이 나타났다. 가구 자산과 투표 참여와 기권 사이에는 유의미한 관계가 나타났다(Pearson chi2(6) = 32.3708 Pr = 0.000). 자산 1억 원 미만의 최하층의 경우 기권율은 23.66%였던 반면에 자산

11억 원 이상의 최상층은 9.65%에 그쳤다. 촛불 항쟁과 대통령이 탄핵이라는 예외적인 상황에서 치러졌던 제19대 대선 이후 자산에 따른 투표 참여 경향에서 뚜렷한 양극화 경향이 확인되었다.

제19대 대선 이후 나타난 학력, 소득과 자산에 따른 투표 기권 양상의 차이는 한국에서 사회경제적 지위(socioeconomic status)에 따른 정치참여의 정치가 본격화될지와 관련해서 흥미로운 현상이다.

결혼 여부도 일관된 패턴으로 투표 참여와 기권 여부에 영향을 미쳤다. 결혼해서 동거하고 있는 집단보다 미혼 집단의 기권율이 높았다. 문항이 포함된 제17대~제20대 대선 중에서 제17대~19대 대선에서 투표 기권 여부와 관련한 유의미한 관계가 확인되었다. 미혼의 경우 연령 변수에 의해서 영향을 받을 가능성이 크기 때문에 30세 이상 집단을 대상으로 추가적으로 분석해본 결과 경향 자체는 변화가 없었지만, 제17대 대선에서는 유의미한 결과는 사라졌다. 이 분석 결과는 1인 가구가 다수가 된 현실을 감안할 때 중요한 정책적 시사점을 가진다.

직업 변수 또한 투표 참여와 기권에 유의미한 일관된 영향을 미치지 않았다. 반면에 고용 형태가 투표 참여와 기권에 유의미한 영향을 미쳤다(Pearson chi2(11) = 31.3938 Pr = 0.001). 고용 형태가 비정규직인 집단(주 32시간 이하)의 기권율이 29.17%인 반면에 정규직인 집단은 기권율이 15.66%에 그쳤다. 하지만, 제20대 대선에서는 이러한 흐름이 사라졌다. 직업 변수와 고용 형태 변수는 제20대 대선에서 시민들의 투표 참여와 기권에 유의미한 영향을 미치지 않았다. 고용 형태가 정규직인 집단의 기권율은 정규직 13.64%였고, 비정규직 집단도 12.5%로 나타나 고용 형태에 따라서 거의 차이가 없었다.

무엇이 투표 기권에 영향을 미치는가?

이 장은 정치적 요인을 중심으로 투표 참여와 기권에 영향을 미치는 변수의 영향을 살펴본다. 영향 변수는 응답자 스스로 밝힌 투표 기권 이유, 이전 선거 기권 여부, 선거에 관한 관심, 정책적 차이에 대한 인식, 투표효능감과 정치효능감, 정당 일체감, 정치이념 그리고 주요 정책에 대한 태도다.

투표 기권 이유

스스로 밝힌 투표 기권 이유는 주관식 문항이 아니라 주어진 선택지에서 선택하는 객관식 문항으로 되어 있다. 따라서 응답자의 투표 기권 이유를 정확히 반영한다고 단정할 수는 없다. 하지만 제 17대 대선~제20대 대선 사후 조사에서 전부 포함된 문항이다. 이에 따라서 투표 기권 이유의 시계열적 흐름을 포착할 수 있는 장점이 있다.

대통령 선거에서 투표 기권 이유

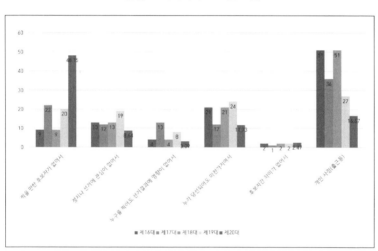

먼저, 제16대 대선(2002) 유권자 의식 조사에서 스스로 밝힌 기권 이유 중 가장 높은 비율을 차지한 이유는 '개인 사정과 출근 등' 이유였다(51%). 한국은 투표일이 공휴일이지만 회사 사정과 근무 여건 그리고 개인적 상황 등으로 투표가 여의치 않은 시민들이 적지 않다. 두 번째로 높은 비율을 차지한 이유는 '누가 당선되어도 마찬가지여서'였다(21%). 그다음은 정치적 무관심('정치나 선거에 관심

이 없어서')이 차지했다(13%). 또한, 후보자에 대한 불만족('찍을 만한 후보자가 없어서' 9%), 누구를 찍어도 선거 결과에 영향이 없어서(4%)가 그 뒤를 이었다.

앞서 살펴본 대로 제17대 대선(2007)의 기권율은 이전 선거보다 더 높았다. 제17대 대선에 유권자들이 기권한 이유는 무엇인가? 가장 높은 이유는 이전 선거(제16대 대선)와 마찬가지로 개인 사정과 출근 등의 이유(36%)였으며, 두 번째로 높은 이유는 '찍을 후보자가 없어서'였다(22%). 이어서 '누가 당선되어도 마찬가지여서'(12%), '누구를 찍어도 선거 결과에 영향이 없어서'(13%), '정치나 선거에 관심이 없어서'(12%)와 같은 이유가 그 뒤를 이었다.

제18대 대선(2012)에 기권한 유권자들이 밝힌 중요한 기권 이유는 무엇인가? 가장 높은 비율을 차지한 이유는 여전히 '개인 사정과 출근 등'의 원인이었다(51%). 두 번째 높은 이유는 '누가 당선되어도 마찬가지여서'(21%), 세 번째 높은 이유는 '정치나 선거에 관심이 없어서'(13%)였다. 이어서 '찍을 만한 후보자가 없어서'(9%), '누구를 찍어도 마찬가지여서'(4%) 이유가 그 뒤를 이었다.

제19대 대선(2017)에 기권한 유권자들이 밝힌 기권한 이유에는 변화가 있는가? 가장 큰 이유로 선택한 항목은 역시 '개인 사정과 출근 등'이었다(27%). 하지만 개인 사정으로 투표에 기권했다고 응답한 유권자의 비율은 제18대 대선 기권 이유로서 같은 이유를 선택한 비율(51%)보다 현저히 줄었다. 응답자가 두 번째 높은 비율로 선택한 기권 이유는 '누가 당선되어도 마찬가지여서'였다(24%). 두 요인의 차는 크지 않았다(3%). 세 번째 이유는 후보자 이슈로서 '찍을 만한 후보자가 없어서'(20%)였다. 이어서 정치적 무관심('정치나 선거에 관심이 없어서')이 그 뒤를 이었다(19%). 자신의 선택이 선거 결과에 영향을 미치지 못해서 기권했다는 응답자 집단도 존재했다(8%).

제20대 대선(2022)에서는 이전 선거와는 사뭇 다른 결과가 나타났다. 가장 두드러진 원인은 절반에 가까운 응답자가 선택한 '찍을 만한 후보자가 없어서'였다(48.15%). 제20대 대선에서 심화되었던 정서적 양극화의 정치적 효과라고 추정할 수 있다. 두 번째 이유는 질병 등 개인적인 이유였다(16.67%). 이전 선거에서는 나타나지 않았던 이유인 코로나 감염 걱정(4.94%)을 추가하면 개인적인 이유는 응답자의 5분의 1을 넘었다. 세 번째 원인은 '누가 당선되어도 마찬가지여서'였다(11.73%). 이어서 정치적 무관심(8.64%), 선거 결과에 영향 없음(3.09%), 후보자 간 정책적 차이가 별로 없음(2.47%) 순으로 나타났다.

제16대 대선(2002)~제20대 대선(2020), 이 다섯 번의 대선 동안 유권자 의식 조사에서 응답자가 스스로 밝힌 기권 이유를 살펴보면 흥미로운 변화 양상을 보였다. 먼저, 지난 이십여 년 동안 다섯 번의 대선에서 가장 높은 투표 기권 요인이었던 '개인 사정' 요인은 그 빈도가 많이 감소했다. 정치적 무관심 변수, 누가 당선되어도 마찬가지라는 불신, 선거 결과에 영향을 미치지 못한다는 효능감 요인도 그 비율이 감소했다. 하지만 '찍을 만한 후보자가 없어서'라는 후보자 요인은 많이 증가했다.

이전 선거 기권

투표 참여를 습관(a habit)으로 이해하는 시각(Gerber et al 2003)을 받아들인다면, 기권도 일정한 형태를 보인 것으로 바라볼 수도 있다. 즉 투표 기권자는 습관적인 기권자(habitual non-voter)일 수 있다는 것이다. 아쉽게도 한국 선거 연구에서 습관적인 기권자에 관한 연구는 거의 이루어지지 않았다. 유권자 의식 조사에서도 이를 체계적으로 측정할 수 있는 관련 문항이 포함되지 않은 경우가 많다. 다만 이전 선거에서 투표 여부를 묻는 문항이 포함되어 있어서 이전 선거에서 기권 여부와 해당 선거에서 기권의 관련성을 살펴볼 수 있다.

제16대 대선 조사에서 이전 대선인 제15대 대선에서 투표하지 않았다고 답한 응답 비율은 8.88%(125명)이었다. 제15대 대선에서 기권한 집단에서 제16대 대선 기권 비율은 26.40%로 상승해 전체 기권자 비율(11.73%)보다 두 배 이상 높았다. 두 변수 사이에는 유의미한 상관관계가 존재했다(0.1424. 0.000수준).

제17대 대선 조사에서 이전 대선인 제16대 대선(2002)에서 투표하지 않았다고 답한 응답 비율은 7.89%(82명)이었다. 제16대 대선에서 기권한 집단이 제17대 대선에서도 기권한 비율은 43.90%로 대폭 증가해 전체 기권 비율 21.33%의 두 배 이상을 기록했다. 두 변수 사이에는 유의미한 상관관계가 존재했다(0.1545, 0.000 수준).

　제18대 대선 조사에서 이전 대선인 제17대 대선(2007)에서 투표 하지 않았다고 답한 응답 비율은 11.62%(124명)이었다. 제17대 대 선에서 기권한 집단이 제18대 대선에서도 기권한 비율은 19.35% 로 증가해 전체 기권 비율 10.13%의 두 배에 근접하는 비율을 기 록했다. 두 변수 사이에는 유의미한 상관관계가 존재했다(0.1076, 0.000 수준).

　제19대 대선 조사에서 이전 대선인 제18대 대선(2012)에서 투표 하지 않았다고 답한 응답 비율은 14.30%(155명)이었다. 제18대 대 선에서 기권한 집단이 제19대 대선에서도 기권한 비율은 45.81% 나타나 전체 기권 비율 19.73%의 두 배가 훨씬 넘었으며, 두 변수 사이에는 유의미한 상관관계가 존재했다.

　제20대 대선 조사에서 이전 대선인 제19대 대선(2017)에서 투표 하지 않았다고 답한 응답 비율은 5.42%(58명)이었다. 제19대 대선 에서 기권했던 집단이 제20대 대선에서도 기권한 비율은 응답자 의 절반이 넘는 53.45%로 나타나 전체 기권자 비율(13.82%)의 네 배에 약간 못 미치는 매우 큰 증가율을 보였다. 두 변수 사이에는 유의미한 상관관계가 존재했다(0.262, 0.000 수준).

　제16대 대선~제20대 대선 기간 다섯 번의 대선에서 이전 선거 에서 기권한 집단은 해당 선거에서 기권한 비율이 전체 응답자보 다 평균 두 배 이상 높았다. 더구나 그 차이는 가장 최근 선거인 제

20대 대선에서 네 배 가까이 많이 증가했다. 이 결과는 한국 선거 기권자 연구에 중요한 시사점을 제공한다. 한국의 (대선) 기권자가 습관적인 기권자일 가능성이 크다는 것이다. 한국의 습관적 기권자는 얼마나 될까? 앞서 이야기한 대로 아쉽게도 기권자에 관한 연구는 거의 없다. 다만, 아시아 바로 미터(Asia Barometer Survey) 자료를 통해서 추정해볼 수 있다. 3차(2011)~5차 조사(2019)에 따르면 평균적으로 유권자의 18.3%가 선거에 전혀 참여하지 않거나 일부 선거에만 참여하는 습관적인 불참자였다.

선거에 관한 관심

앞선 연구에 따르면 정치적 관심, 나아가 선거에 대한 관심은 유권자들을 투표 참여로 이끄는 가장 중요한 요인 중의 하나다(Blais 2007; Brady et al 1995; Franklin 2004; Smet and Van Ham 2013). 투표가 일정한 자원의 투여가 필요한 행위라는 점을 고려할 때 비록 자원이 충분하지 않은 시민들도 정치에 대한 관심과 임박한 투표에 관한 관심이 높다면 투표 참여에 나설 수 있다. 하지만 두 가지 요인도 함께 고려해야 한다. 첫째, 정치와 선거에 관심이 있는 모든 유권자가 투표에 나서지는 않는다는 점이다. 또한 정치적 관심이 높지 않은 유권자들도 시민적 의무(civic duty)에 따라서 투표에 나서곤 한다. 즉 다른 맥락적 변수가 유권자의 정치적 관심과 투표 참여와 기권 관계에 영향을 미칠 수 있다. 둘째, 선거 후 여론조사에 종종 나타나는 현상으로서 투표 참여에 대한 오버 리포팅(overreporting)이 많이 거론된다. 같은 맥락에서 투표에 참여한 사람들은 자신이 투표한 선거에 관한 관심을 실제보다 과장할 가능성이 있다.

제16대 대선에서 유권자들은 얼마나 선거에 관심이 있었나? 제16대 대선 유권자 의식 조사에 따르면 유권자들의 제16대 대선에 관한 관심 수준은 높은 편이었다. 응답자의 5분의 4가 넘는 84.53%가 선거에 관심이 있었다고 대답했다. 특히 '매우 많았다'라고 대답한 응답자도 전체 응답자의 43.53%(653명)에 달했다. '조금 있었다'라고 대답한 응답자도 이와 비슷한 41.00%였다. 이와 대조적으로, '별로 없었다'라고 대답한 응답자는 13.57%였으며, '전혀 없었다'라고 답한 응답자는 1.80%에 그쳤다.

유권자들이 제16대 대선에 대해서 가졌던 관심의 수준은 유권자들의 투표 기권과 참여에 어떤 영향을 미쳤나? 선거에 관심이 많았던 유권자들에 비해서 선거에 관심이 적었던 유권자들은 선거에 기권하는 비율이 매우 높았다. 선거에 매우 높은 관심을 가졌던 유권자들이 기권한 비율은 4.41%, 조금 관심을 가졌던 유권자들이 기권한 비율은 10.43%에 그쳤다. 반면에 선거에 별로 관심이 없었던 유권자 집단에서 기권 비율은 38.96%로 상승했으며 선거에 전혀 관심을 가지지 않았던 유권자 집단에서 기권율은 61.11%로 급격히 높아졌다. 평균적으로 관심이 있었던 유권자의 기권 비율은 7.42%에 그쳤지만, 관심이 없었던 유권자 집단의 기권 비율은 50.03%로 압도적으로 높았다. 선거에 대한 관심도와 투표 기권 비율 사이에는 유의미한 관계가 나타났다(Pearson chi2(3) = 103.9182 Pr = 0.000).

제17대 대선 유권자 의식 조사에 따르면, 제17대 대선에 관심을 가진 유권자들의 비율이 관심이 없었던 유권자들의 비율을 압도했다. "선생님께서는 이번 대통령 선거에 얼마나 관심이 있었습니까"라는 질문에 관심이 있었다고 응답한 유권자는 전체 응답자의 4분의 3이 넘는 78.75%(941)에 달했다(매우 많았다 32.64%, 조금 있었다 46.11%). 반면에 관심이 없었다고 답한 응답자의 비율은 21.25%(별로 없었다 16.40%, 전혀 없었다 4.85%)에 그쳤다. 앞서 제16대 대선의 사례를 통해서 선거에 대한 낮은 관심이 기권으로 이어질 수 있음을 확인했다. 제17대 대선에 관심이 매우 많았던 유권자가 선거에 기권한 비율은 6.41%에 그쳤다. 반대로 선거에 관심이 전혀 없었다고 답한 유권자가 선거에 기권한 비율은 절반이 넘은 65.52%에 달했다. 선거에 관심이 있었던 유권자는 평균 14.03%의 기권율을 보였지만, 선거에 관심이 없었던 유권자의 기권율은 세 배가 넘는 평균 48.03%로 나타났다. 선거에 관한 관심과 선거 기권 여부와의 관계 사이에는 유의미한 관계가 존재했다(Pearson chi2(8) = 894.3365 Pr = 0.000).

제16~17대 대선에서 선거에 관한 관심과 투표 기권 여부 사이에는 선형적인 관계가 존재한다는 것을 확인했다. 제18대 대선도 예외가 아니었다. 제18대 대선에 매우 많은 관심을 가진 유권자가 제18대 대선에 기권한 비율은 단지 4.41%에 그쳤지만, 관심이 전혀 없었던 유권자 집단의 기권 비율은 열 배가 넘는 61.11%로 급증했다. 제18대 대선에 관심이 있었던 유권자는 평균 7.11% 기권했지만, 관심이 없었던 유권자는 평균 43.16%로 많이 증가했다. 두 변수 사이에는 뚜렷한 선형적인 관계가 존재했다(Pearson chi2(4) = 142.4207 Pr = 0.000).

제19대 대선에서도 선거에 관한 관심은 투표 기권 여부에 대해서 유의미한 영향력을 행사했으며(Pearson chi2(3) = 248.3390 Pr = 0.000), 투표 기권 여부에 미치는 영향은 매우 컸다. '선거에 관심이 매우 많았다'라고 답한 유권자가 기권한 비율은 단지 4.43%에 지나지 않았으나 선거에 관심이 '전혀 없었다'라고 답한 유권자가 기권한 비율은 무려 73.81%로 급등했다. 제19대 대선에 관심이 있었던 유권자는 평균 10.65%만 기권했지만, 선거에 관심이 없었던 유권자 집단에서 기권 비율은 다섯 배가 넘는 54.51%로 급등했다.

정책적 차이에 대한 인식

앞서 살펴본 기권 이유에 따르면 유권자 스스로 선택한 기권 이유 순위에서 후보자 간 정책적 차이는 6위에 그쳤다(1.38%). 하지만 후보자 간 정책적 차이가 없다면 유권자가 투표에 참여할 유인이 크지 않을 것이다. 정책적 차이에 대한 인식을 묻는 문항은 제17대~제18대 대선 유권자 의식 조사에서만 포함되었다.

유권자가 평가하는 후보자의 정책적 차이와 유권자의 제17대 대선 기권 여부 사이에는 뚜렷한 유의미한 관계가 존재했다 (Pearson chi2(3) = 41.9558 Pr = 0.000). 정책적 차이가 '매우 있었다'라고 대답한 응답자가 제17대 대선에 기권한 비율은 11.73%였던 반면에 '전혀 차이가 없었다'라고 평가한 유권자가 기권한 비율은 50%로 급상승했다. 후보자의 정책적 차이에 대한 긍정적인 인식을 가진 유권자가 기권한 비율은 평균 17.10%에 그쳤지만, 부정적으로 인식한 유권자가 기권한 비율은 29.44%로 나타났다.

제18대 대선에서도 비슷한 양상이 나타났다. 후보자 사이에 정책이 "매우 차이가 있었다"라고 인식한 유권자는 단지 4.73%만이 선거에 기권했다. 반면에 "전혀 차이가 없었다"라고 인식한 유권자는 34.48%가 선거에 기권했다. 후보자 간 정책적 차이를 인식하고 있던 유권자가 기권한 비율은 평균 7.30%지만, 후보자 간 차이가 없다고 판단한 유권자의 기권 비율은 16.57%로 두 배 이상 높았다.

비록 제17대 대선과 제18대 대선 두 번의 선거 후 조사에서만 포함되었지만 '정책 차이에 대한 인식'이 유권자의 투표와 기권에 미치는 영향을 확인하는 것은 중요한 시사점을 가진다. 적지 않은 한국의 기권자는 후보자 간 정책적 차별성의 부재로 인해서 투표장에 나오지 않은 것일 수 있다는 것을 시사한다.

투표효능감과 정치효능감

투표효능감은 유권자가 추구하는 정치적 목적을 달성하는 데 투표가 효능이 있다는 인식을 의미한다. 투표가 일정한 자원을 투자하는 행위라는 점을 고려할 때 유권자가 투입 대비 효능이 크지 않다고 판단한다면 투표 참여의 유인이 크게 줄어들 것이다.

제17대 대선 유권자 의식 조사에서 투표효능감은 두 가지 문항으로 측정되었다. 첫 번째는 "나 같은 사람에게는 투표만이 정부가 어떻게 해야 하는지에 대해 말할 수 있는 유일한 방법이다"였다. 이 문항에 부정적으로 인식한 유권자일수록 투표에 기권하는 비율이 높은 것으로 나타났다(Pearson chi2(3) = 30.4345 Pr = 0.000). '매우 공감한다'라고 답한 유권자는 단지 11.16%만이 제17대 대선에 기권했지만 '별로 공감하지 않는다'라고 답한 유권자는 28.32%가 제17대 대선에 기권했다. 이와는 대조적으로 "투표는 아주 많은 사람이 하기 때문에 내가 투표하는가 안 하는가는 그리 중요하지 않다"라는 문항에 공감하는 유권자일수록 이 문항에 부정적인 인식을 하는 유권자보다 제17대 대선에 기권하는 비율이 높았다(Pearson chi2(4) = 62.5947 Pr = 0.000). '대체로 공감한다'라고 답한 유권자는 응답자의 33.21%가 제17대 대선에 기권했지만 '전혀 공감하지 않는다'라고 답한 유권자는 단지 8.12%만이 제17대 대선에 기권했다.

제18대 대선에서도 비슷한 양상이 나타났다. 앞서 제17대 대선의 사례를 통해서 투표효능감이 유권자들의 기권 여부에 미친 영향을 확인할 수 있었다. 투표효능감은 제17대 대선과 같은 두 문항을 통해서 측정되었다. '투표가 의사 표시의 유일한 방법'이라는 인식이 기권 여부에 미치는 영향을 먼저 살펴보자. '매우 공감한다'라고 답한 응답자는 단지 5.92%만이 기권했지만, 가장 부정적인 인식을 가진('전혀 공감하지 않는다') 유권자는 응답자의 4분의 1에 달하는 24.39%가 기권했다. 긍정적인 인식을 가진 유권자가 기권한 비율은 평균 7.36%에 그쳤다. 반면에 부정적으로 인식한 유권자가 기권하는 비율은 16.88%로 나타나 기권 비율도 두 배 이상 높아졌다.

같은 맥락에 많은 사람이 투표하기 때문에 자신의 투표가 가진 효능성이 크지 않다는 인식도 투표 기권 여부에 유의미한 영향을 미쳤다. '매우 공감한다'라고 답한 유권자가 기권하는 비율은 19.12%였으나 '전혀 공감하지 않는다'라고 답한 유권자가 기권하는 비율은 4.29%로 급격히 하락했다. '공감한다'라는 유권자는 평균 18.15%의 기권율을 보였지만 '공감하지 않는다'라고 답한 유권자는 절반보다 낮은 수준인 7.54%만이 기권하는 데 그쳤다.

제19대 대선 유권자 의식 조사에서도 앞선 두 번의 대선 조사와 마찬가지로 선거와 같이 투표효능성은 두 가지로 측정되었다. 제19대 대선에서 투표효능성에 대한 믿음이 있는 유권자일수록 투표에 참여하는 경향이 높고, 투표효능성에 대한 회의가 큰 유권자일수록 투표에 기권하는 경향이 높았다. 특히 '투표가 의사 표시

의 유일한 방법'이라는 인식 변수의 영향이 컸다(Pearson chi2(3) =
64.1155 Pr = 0.000). 이 질문에 긍정적인 인식을 가진 유권자('매우 공
감한다')가 기권한 비율은 16.29%였지만, 부정적인 인식('전혀 공감하
지 않는다')을 가진 유권자는 51.35%로 세 배 이상의 효과가 나타났
다. 공감하는 인식을 가진 유권자의 평균 기권 비율은 14.72%였
으나 공감하지 않는 유권자가 기권하는 비율은 평균 36.69%로 나
타났다.

　제20대 대선에서 투표효능성은 '누구에게 표를 던지느냐가 미
래의 일에 중요한 영향을 미친다' 문항을 통해서 측정했다. 투표효
능성에 부정적('전혀 동의하지 않는다', '별로 동의하지 않는다')인 집단이 투
표에 기권한 비율은 27.88%, 참여한 비율은 71.12%로 나타나 전
체 집단의 기권(13.82%) 비율보다 두 배 이상 높았으며, 참여 비율
(86.12%)보다 15% 이상 낮았다. 거꾸로 긍정적인 집단('대체로 동의한
다', '매우 동의한다')의 기권 비율은 11.52%로 나타나 전체 집단보다
낮았으며 참여한 비율은 88.48%로 나타나 전체 집단보다 더 높았
다. 투표효능성이 투표 참여와 기권에 미친 영향은 통계적으로 유
의미했다(Pearson chi2(3) = 59.7692 Pr = 0.000).

　투표효능감과 관련이 있는 중요한 요소는 정치효능감(political
efficacy)이다. 정치효능감(political efficacy)은 정치적 행위가 정치과정
에 영향을 미칠 수 있다는 인식을 의미한다(Cambell et el 1954). 정치
효능감은 자신이 (복잡한) 정치과정을 이해하고 참여할 수 있는 능
력을 갖추고 있다는 믿음을 의미하는 내적 효능감(internal efficacy)과

자신의 정치적 행위에 대해서 정치가 반응할 것이라는 믿음을 나타내는 외적 효능감(external efficacy)으로 구분된다(Craig et al 1990).

정치효능감과 투표 참여와 기권 사이 관계에 대해서는 많은 문헌이 축적되어 있다. 투표 참여 결정은 내적인 효능감과 외적 효능감의 상호작용 결과로서 이해할 수 있다. 복잡한 정치 상황에서 선택을 할 수 있는 믿음과 시간 및 노력이 일정하게 투입되는 정치참여에 대해서 정치체제가 어떠한 형태로든 반응할 것이라는 믿음이다. 정치적 관심과 투표 참여 기권 사이와의 관계에서와 마찬가지로 정치효능감은 투표 참여와 기권에 큰 영향을 미치는 영향 변수이지만, 역으로 투표 참여를 통해서 영향을 받을 수 있다. 즉 두 요인 사이에는 상호작용이 존재할 수 있다.

한국 유권자들이 가지고 있는 정치효능감은 유권자들의 투표 기권과 참여에 어떠한 영향을 미쳤나? 제18대 대선 유권자 의식 조사에서부터 정치효능감 문항이 포함되었다. 이 조사에서 정치효능감은 내적 효능감을 중심으로 측정되었다. 두 가지로 측정된 정치효능감과 투표 기권 여부에는 뚜렷한 관계가 존재했다. 먼저, 나같은 사람은 정부가 하는 일에 대해서 뭐라고 평가할 수 없다" 문항에 '매우 공감한다'라고 답한 응답자가 기권한 비율은 14.18%였지만, '전혀 공감하지 않는다'라는 인식을 가진 유권자가 기권한 비율은 6.13%로 나타나 정치효능감에 대한 부정적 인식이 높았다. 정치효능감이 낮은 집단은 평균적으로 12.30% 기권했지만, 정치효능감이 높은 집단은 평균 7.82%만 기권한 것으로 나타나 정치효능감이 투표 참여와 기권에 영향을 미쳤다. 다음으로 '나 같은 사람에게는 정치나 정부가 하는 일이 너무 복잡해서 어떻게 되어가고 있는 것인지 이해할 수 없다' 문항을 기반으로 측정된 정치효능감은 그 영향은 다소 적었지만, 전체적으로 비슷한 양상이 나타났다. 하지만 두 변수 모두 유권자의 기권에 통계적으로 유의미한 영향을 미치지는 않았다.

제19대 대선 유권자 의식 조사에서도 제18대 대선과 마찬가지로 정치효능감은 내적 효능감을 측정하는 두 가지 문항을 통해서 측정되었다. 제19대 대선에서 유권자들의 정치효능감과 투표 기권 사이에는 뚜렷한 유의미한 관계가 존재했다(Pearson chi2(3) = 12.4967 Pr = 0.006). 두 측정 방식의 영향은 비슷했지만 '나 같은 사람이 정부가 하는 일에 대해 뭐라고 평가할 수 없다'라는 문항의 영향력이 다소 컸다.

제20대 대선 유권자 의식 조사에서 정치효능감은 제19대 대선 유권자 의식 조사와 같은 두 문항을 통해서 측정되었다. 첫 번째 문항에 공감하는 집단에서 투표에 기권하는 비율은 16.54%로 나타나 전체 집단의 기권 비율(13.82%)보다 높았지만, 크게 높지 않았고 유의미한 영향이 나타나지 않았다. 두 번째 측정 변수의 영향도 비슷한 양상이었다. 두 번째 문항에 대해서 동의하는 집단의 기권 비율은 16.91%로 전체 집단의 기권 비율(13.82%)보다 높았지만, 별로 높지 않았고 유의미한 영향이 나타나지 않았다.

정치효능감은 제19대 대선에서 유권자들의 투표 참여와 기권에 유의미한 영향을 나타냈다. 하지만 제18대, 제20대 대선에서는 이 같은 경향을 확인할 수 없었다. 아쉽게도 선거 후 여론조사 문항의 한계로 정치효능감은 내적 효능감을 중심으로 측정되었다. 정치권의 대응에 대한 인식을 나타내는 외적 효능감의 영향을 같이 확인하지는 못했다.

정당 일체감

정당에 대한 장기적, 심리적 일체감을 의미하는 정당 일체감이 유권자들의 투표 참여와 기권에 중요한 영향 변수라는 것은 자명하다. 정당 일체감 이론이 발전한 미국을 중심으로 투표 참여 결정 요인으로서 정당 일체감 영향력에 대한 문헌은 오랫동안 축적되어 왔다(Campbell et al 1960; Gerber et al 2010). 정당 일체감과 투표 참여 사이의 관계는 다른 변수 경우와 마찬가지로 일면적이지 않다. 투표 참여 경험의 축적은 당파적 유권자가 될 수 있는 중요한 경로다(대표적으로 컨버스(Converse 1969)의 사회학습이론). 또한 사회 정체성(social identity)의 하나의 형태로 정당 일체감을 이해하는 시각에 따르면, 투표 참여는 정당 일체감의 정치적 표현이다(Green et al 2002).

그렇다면 한국에서 정당 일체감은 유권자의 투표 참여와 기권에 어떤 영향을 미쳤는가? 제16대 대선 유권자 의식 조사에서 정당 일체감에 대한 측정은 "우리나라에 현재 있는 정당 가운데 선생님께서는 어느 정당을 가장 좋아하십니까?" 문항을 통해서 측정되었다. 여러 정당에 대한 지지 선택지와 함께 제시된 무당파('없다')를 선택한 응답자의 비율은 40.94%(576명)였다. 무당파 집단 중에서 기권한 응답자의 비율은 17.01%로 나타나 전체 응답자 중 기권 비율 11.73%(176명)보다 높았으며, 당파적 유권자의 기권 비율 8.06%보다는 두 배 이상 높았다. 당파성 여부가 투표 참여와 기권에 유의미한 영향을 미친 것으로 확인되었다(Pearson chi2(1) = 26.3321 Pr = 0.000).

제17대 대선 유권자 의식 조사에서 정당 일체감에 대한 조사는 "현재 어느 정당을 지지하십니까" 문항을 통해서 측정되었다. 여러 정당에 대한 지지 선택지와 함께 제시된 무당파('없다')를 선택한 응답자의 비율은 28.47%였다. 무당파 집단에서 기권 비율은 35.22%로 나타났다. 무당파 집단의 기권 비율은 전체 응답자의 기권 비율(21.33%)보다 상당히 높게 나타났으며, 당파적 유권자의 기권 비율(15.85%)보다는 두 배 이상 높았다. 이에 따라서, 당파성 여부가 투표 참여와 기권에 유의미한 영향을 미친 것으로 확인되었다(Pearson chi2(1) = 50.9402 Pr = 0.000).

제18대 대선 유권자 의식 조사에서 정당 일체감에 대한 조사는 "현재 존재하는 정당 중에서 좋아하는 정당은 무엇입니까"의 문항을 통해서 측정되었다. 여러 정당의 선택지와 함께 주어진 무당파('없다')를 선택한 비율은 25.16%(283명)로 나타났다. 무당파와 당파적 유권자에서 기권자의 비율은 18.73%, 7.13%로 나타나 전체 응답자의 기권 비율(10.13%)을 고려할 때 당파성 여부가 투표 기권에 미친 영향을 확인할 수 있었다. 이에 따라서 제18대 대선에서 무당파 여부가 투표 참여와 기권에 유의미한 영향이 확인되었다 (Pearson chi2(1) = 30.6708 Pr = 0.000).

제19대 대선에서 지지하는 정당이 있다고 답한 응답자와 없다고 답한 응답자의 비율은 44.53%, 55.47%로 나타나 10% 정도 차이가 났다. 제19대 대선에서 무당파와 당파적 유권자가 기권한 비율은 각각 29.49%, 7.58%로 나타나 전체 응답자 중에서 기권자 비율(19.73%)과 비교할 때 정당 일체감 여부가 투표 기권에 미친 영향을 확인할 수 있다. 이에 따라서 제19대 대선에서 무당파 여부가 투표 참여와 기권에 유의미한 영향이 확인되었다(Pearson chi2(1) = 84.1619 Pr = 0.000).

제20대 대선에서 지지하는 정당이 없다고 답한 응답자의 비율은 절반이 넘는 54.95%였으며, 있다고 답한 응답자의 비율은 45.05%였다. 무당파 중에서 제20대 대선에서 기권한 비율은 19.25%로 나타나 전체 응답자(13.82%)보다 높았다. 반면에 당파적 유권자 중 기권한 비율은 7.2%로 나타나 당파성이 투표 참여에 미친 영향력을 확인할 수 있었다. 투표한 집단에서 무당파와 당파적 유권자 비율은 51.49% 대 48.51%로 나타나 전체 집단과 크게 차이가 없었다. 반면에 기권자 집단에서 무당파와 당파적 유권자 비율은 76.54% 대 23.46%로 3:1 정도로 크게 차이가 났다. 이에 따라서, 당파성과 투표 참여와 기권 사이에는 유의미한 관계가 확인되었다(Pearson chi2(1) = 35.4111 Pr = 0.000).

제16대~제20대 대선에서 무당파 여부는 투표 기권에 큰 영향을 미친 변수로 드러났다. 다섯 번의 대선에서 무당파가 기권한 비율은 당파적 유권자보다 두세 배 이상 높았다. 앞서 살펴본 대로 이러한 결과가 전부 당파성의 효과로만 볼 수는 없다. 선거 후 조사에서 (비록 무당파였지만) 자신이 지지했던 후보가 속한 정당을 지지한다고 답할 가능성이 있기 때문이다. 하지만 당파성이 유권자의 투표 참여와 기권에 미친 영향은 충분히 확인할 수 있었다.

정치이념

강한 정치이념을 가진 유권자는 약한 이념이나 중도적인 성향을 지닌 유권자보다 더 빈번하게 정치참여를 하는 경향이 있다. 대표적인 사례는 미국이다. 미국에서 정치이념의 강도와 정치참여는 일반적으로 U자 형태를 보인다고 알려져 있다. 실제로 2020년 미국 대선 결과는 이러한 경향을 확인했다. 진보와 보수 모두 강한 이념에서 중도로 갈수록 기권 비율이 늘었다. 진보 좌파(progressive left)의 86%와 종교적이며 애국적인 보수(Faith and Flag Conservative)의 85%가 투표에 참여했다. 반면에 정치적으로 복합적인 성격을 지닌 아웃사이더 좌파(Outsider Left)와 양가적인 우파(Ambivalent Right) 집단은 각각 57%와 55%의 투표율을 보이는 데 그쳤다(Pew

Research Center 2021). 어느 쪽에도 속하지 않는 압박을 받는 방관자(Stressed Sidelined)는 절반이 넘는 55%가 기권했다(45% 투표 참여).

　한국 시민들의 이념 강도는 시민들의 투표 참여와 기권에 어떠한 영향을 미쳤나? 제16대 대선 유권자 의식 조사에서 이념은 5점 척도(매우 진보: 1~매우 보수: 5)로 측정되었는데, 평균은 2.817로 나타났다. 응답자 스스로 밝힌 이념은 41.07%가 진보(매우 진보: 7.07%, 진보: 34%), 32.27%가 중도, 35.47%가 보수(약간 보수: 23.47%, 매우 보수: 3.20%)로 나타나 약간 진보 쪽으로 기울어져 있다. 정치이념과 투표 기권과의 관계를 살펴보면, 진보와 보수 모두 이념이 강할수록 투표 기권 비율이 낮은 것으로 나타났다(매우 보수: 4.17%, 매우 진보: 6.6%). 반면에 이념의 강도가 약해질수록 투표 기권 비율이 증가해서 중도 이념을 가진 유권자의 15.91%가 제16대 대선에서 기권한 것으로 나타났다.

　제17대 대선 유권자 의식 조사에서 응답자 자신의 이념은 11점 척도(0: 진보~10: 보수)로 측정되었다. 응답자 평균은 5.315로서 11점 척도의 중간 범위를 나타냈다. 제17대 대선 유권자 의식 조사에서 진보(0~3점)의 비율은 16.62%(187명), 중도(4~6점)는 54.93%(618명), 보수(7~10점)는 28.44%(320명)로 나타나 진보가 다소 축소된 모습을 보였다. 제17대 대선에서 유권자들의 이념과 투표 참여 기권 사이에는 어떠한 관계가 존재했나? 스스로 진보, 중도, 보수라고 밝힌 유권자 중 기권자 비율은 21.93%, 25.57%, 12.81%로 나타나 전체 기권 비율(21.33%)을 고려할 때 보수 유권자가 더 많이 투표에 참여한 것으로 나타났다. 유권자 이념 성향과 투표 기권과 참여 사이에는 유의미한 관계가 존재했다(Pearson chi2(10) = 44.5752 Pr = 0.000).

제18대 대선은 민주화 이후 최초로 산업화 진영과 민주화 진영 간 대결이 이루어진 선거였다. 유권자의 정치이념은 응답자의 12.89%(145명)가 진보, 절반이 넘는 54.4%(612명)가 중도, 29.87%가 보수(336명)라고 밝혀 다소 보수 쪽으로 기울어져 있었다. 진보, 중도, 보수 유권자의 제18대 대선 기권 비율은 8.97%, 13.07%, 5.65%로 나타나 전체 응답자 기권 비율(10.13%)과 비교할 때 중도가 더 많이 기권하고, 진보, 보수 순으로 기권 비율이 나타났다. 즉 제18대 대선에서는 진보 유권자가 보수 유권보다 더 많이 기권한 것으로 나타났다. 유권자의 이념과 투표 참여와 기권 사이에는 유의미한 관계가 확인되었다(Pearson chi2(10) = 20.7986 Pr = 0.023).

제19대 대선은 두루 알듯이 보수정권의 국정농단으로 발발한 촛불 항쟁으로 치러진 촛불 대선이었다. 유권자 의식 조사 결과 11점 척도로 측정된 이념 평균은 4.914로 나타나 이전 조사와는 달리 진보 쪽으로 기울어져 있었다. 진보, 중도 보수 비율이 각각 25.87%(291명), 47.82%(538명), 26.31%(296명)로 나타나 이전 선거 조사와는 달리 진보와 보수의 균형이 나타났다. 정치이념과 투표 참여와의 관계를 살펴보면 제19대 대선과는 반대의 결과가 나타났다. 진보, 중도, 보수 이념을 가진 유권자의 기권 비율은 각각 15.81%, 22.49%, 18.58%로 나타나 전체 응답자의 기권 비율

(19.73%)과 비교할 때 진보 유권자는 더 많이 참여했으며, 중도 유권자는 여전히 기권율이 가장 높은 집단이었다. 반면에 18대 대선과는 반대로 보수 유권자가 더 많이 기권했다. 유권자의 이념과 투표 참여와 기권 사이에는 유의미한 관계가 확인되었다(Pearson chi2(10) = 23.2779 Pr = 0.010).

제20대 대선 선거 후 조사 결과 11점 척도로 측정된 이념 평균은 5.012로 나타나 19대 대선에서 진보 쪽으로 기울었던 축이 다시 중도 쪽으로 이동했다. 진보, 중도 보수 비율도 각각 21.08%(247명), 57%(668명), 21.93%(257명)로 나타나 진보 보수의 균형과 중도 확장의 특징이 나타났다. 진보, 중도, 보수 이념을 가진 유권자의 기권 비율은 각각 10.12%, 18.26%, 5.84%로 나타나 전체 응답자의 기권 비율(19.73%)과 비교할 때 중도 유권자는 여전히 기권율이 가장 높은 집단이었지만, 보수 유권자에 비해서 진보 유권자의 기권 비율이 4.28% 정도 높았다. 이러한 결과가 시사하는 것은 역대 최저 득표율 차를 고려할 때 제20대 대선 결과는 진보 진영이 지지자를 투표장에 더 많이 끌어내는 데 성공하지 못했기 때문으로 볼 수 있다.

다섯 번의 대선(제16대 대선~제20대 대선) 기간 동안 유권자 스스로 측정한 정치이념이 투표 참여와 기권에 미친 영향은 특정한 이념이 투표 참여로 이끄는 일관된 패턴을 발견할 수 없었고, 그 영향력과 방향은 선거마다 달랐다. 예를 들어 여론조사에서 진보 유권자가 더 많이 대표되었던 제19대 대선 조사에서는 보수 유권자가 더 많이 기권했다. 제20대 대선은 반대의 결과가 나타났다. 이러한 결과는 스스로 측정하는 이념의 특성상 선거 캠페인 과정과 결과에 따라서 영향을 받은 것으로 추정할 수 있다. 일관되게 나타난 경향은 이념과 투표 참여 관계에서 U자 패턴이 나타난 미국과 같이 중도라고 스스로 밝힌 유권자가 가장 많이 기권했다는 것이다.

주요 쟁점 정책에 대한 태도

앞서 살펴본 대로 선거에서 투표 기권자 집단과 참여자 집단이 서로 다른 정책적 태도를 가지고 있다면, 불평등한 참여는 불평등한 대표로 이어질 수 있고, 결국 불평등한 민주주의로 귀결될 수 있다. 그렇다면 제16대 대선~제20대 대선에서 주요 정책에 대한 기권자와 투표자의 정책 선호 차이를 살펴보는 것이 중요하다.

제16대 대선 유권자 의식 조사에서는 경제적 이익과 환경 보전, 여성할당제, 기업에 대한 규제와 복지 지출, 국가 보안법과 한미동맹에 대한 태도를 포함한 주요 정책 쟁점들에 대한 문항이 포함되었다. 경제적 이익과 환경 보전에 대한 태도("개발에 대한 경제적 이익보다 환경 보전이 우선이다")를 살펴보면, 투표자(78.96%)와 기권자 집단(64.84%)에서 환경보호에 대한 찬성 비율이 상당한 차이(14.12%)를 보였다(Pearson chi2(4) = 10.1743 Pr = 0.038). 국회의원 여성할당제에 대한 태도의 영향을 살펴보면 기권자(61.82%)에 비해서 투표 참여자(66.18%)가 할당제에 찬성하는 비율이 높았다. 하지만 통계적으로 유의미하지 않았다. 기업 활동에 대한 규제("기업이 스스로 못한다고 하더라도 기업 활동에 정부는 간섭하지 말아야 한다")와 복지 지출에 대한 태도("세금을 더 내더라도 복지 수준을 높여야 한다")도 비슷한 결과를 나타냈다. 기업에 대한 규제에 있어서 기권자(반대 40.6%)와 투표 참여자(41.71%) 사이에는 거의 차이가 없었다. 복지 지출에 대해서는 기권자(53.94%) 집단이 투표 참여자(59.66%)와 비교해서 복지 지출 증가에 찬성하는 비율이 낮았지만, 통계적으로 유의미하지는 않았다. 국가보안법 폐지와 한미동맹에 대한 태도에서도 비슷한 경향이 나타났다. 기권자 집단(43.66%)에서 투표자 집단(48.23%)보다 국가보안법 폐지 찬성 비율이 낮았으나 통계적으로 유의미한 차이는 아니었다. 또한 한미동맹("미국과 우호를 깨더라도 SOFA(한미주둔지위협정) 개정이 필요하다")에 대한 태도의 영향도 그다지 다르지 않았다. 대선 캠페인 과정에서 쟁점이 되었던 SOFA 개정과 관련해서는 전체적으로 찬성 여론이 훨씬 높았다(76.9%). 투표 참여자(76.65%)보다 기권자(81.82%)의 찬성 여론이 더 높았지만 통계적으로 유의미하지 않았다.

제17대 대선은 정책적 태도에 대한 문항이 다수 포함된 동아시아 연구원(East Asia Institute)의 자료를 통해서 살펴보자. 소득 분배("소득 분배가 경제성장보다 더 중요하다")에 대한 선호에서도 기권자(65.01%)의 찬성 비율이 투표자(59.35%)의 찬성 비율보다 더 높았으나 통계적으로 유의미한 수준은 아니었다. 대기업 규제 완화("대

기업에 대한 규제를 지금 보다 더 풀어야 한다")에 대해서도 기권자가 반대하는 비율(31.25%)이 투표 참여자가 반대하는 비율(25.21%)보다 높았다. 두 집단의 차이는 통계적으로 유의미했다(Pearson chi2(4) = 16.8811 Pr = 0.002). 여성 고용 할당제("사회참여를 늘리기 위해 직원 채용 시 여성의무 고용비율을 두어야 한다")에 대해서는 투표 참여자의 찬성 비율(77.82%)이 기권자의 찬성 비율(70.63)에 비해서 높았지만, 통계적으로 유의미한 수준은 아니었다.

국가보안법 개정("국가보안법을 폐지하거나 대폭 개정해야 한다")과 관련해서는 기권자 중에서 개정에 찬성한 비율은 78.13%로 4분의 3을 넘었지만, 투표자 집단에서는 찬성 비율이 60.34%로 크게 줄었다. 두 집단의 차이는 통계적으로도 유의미했다(Pearson chi2(4) = 20.3056 Pr = 0.000). 한미동맹("정부는 외교관계에서 한미동맹을 우선적으로 고려해야 한다") 에 대한 태도에서도 비슷한 결과가 도출되었다. 투표 참여자 집단에서 찬성 비율은 65.15%로 3분의 2에 근접했으나 기권자 집단에서 찬성 비율은 절반 이하(47.5%)로 크게 감소했다. 두 집단의 차이는 통계적으로 유의미했다(Pearson chi2(4) = 29.6383 Pr = 0.000).

제16대 유권자 의식 조사에서 포함된 세 가지 정책적 태도에 대한 문항이 제18대 유권자 의식 조사에서도 포함되었다. 투표 기권자와 참여자 집단이 주요한 세 가지 정책적 영역(북한에 대한 태도, 기업 활동에 대한 정부 개입, 세금 인상과 복지증진)에 대한 태도에 있어서 어떠한 차이가 있는지를 10년의 시차를 두고 조사할 수 있었으나 제

16대 대선과 마찬가지로 세 정책적 영역에 있어서 투표 기권자 집단과 참여자 집단 사이에 유의미한 차이가 나타나지 않았다.

제19대 대선 유권자 의식 조사에서도 기권자 집단과 투표자 집단은 다양한 정책 태도에 유의미한 두드러진 차이를 보이지 않았다. 복지 확대(찬성 비율 기권자 76.12%, 참여자 75.74%), 대기업 규제 강화(찬성 비율 기권자 77.93%, 참여자 76.41%), 최저임금 상승(찬성 비율 기권자 83.33%, 참여자 86.49%), 외국어고·자립형사립고 폐지(찬성 비율 기권자 61.71%, 참여자 66.33%), 국가보안법 폐지(찬성 비율 기권자 46.85%, 참여자 48.94%)와 같은 정책 쟁점에서 투표 참여자와 기권자 집단 사이에 유의미한 뚜렷한 차이를 보이지 않았다.

제20대 유권자 의식 조사에서는 일정한 변화가 나타났다. 복지와 경제발전에 대한 선호("복지보다는 경제발전에 더 힘을 기울여야 한다"), 기업과 고소득자 증세("기업과 고소득자들이 지금보다 세금을 더 많이 내게 해야 한다"), 한미동맹 강화("한미동맹관계를 더 강화해야 한다")에 대한 태도에서 기권자와 투표자 사이에 비율에서 큰 차이는 아니지만 유의미한 차이가 확인되었다. 또한 대선 과정에서 쟁점이 되었던 젠더 관련 이슈(여성할당제, 여성가족부 폐지)에 대한 태도에서도 비슷한 결과가 나타났다.

복지와 경제발전 사이의 선호에 대해서 기권자는 절반이 넘는 53.70%가 경제발전이 우선이라는 데 반대했으며 투표자 집단에서는 그 비율이 43.46%로 크게 줄었다. 두 집단의 차이는 통계적으로 유의미했다(Pearson chi2(3) = 9.5179 Pr = 0.023). 반면에 기업과 고소득자 증세에 대한 태도에 있어서는 두 집단 사이에 유의미한 차이가 드러나지 않았다. 한미동맹 강화에 대해서도 평균적으로 찬성 비율이 매우 높았다(86.77%). 투표 참여자 집단에서는 87.33% 의 찬성률을 보였지만 기권자 집단에서 찬성 비율이 83.33%로 낮아졌다. 두 집단의 차이는 통계적으로 유의미했다(Pearson chi2(3) = 14.8131 Pr = 0.002). 여가부 폐지에 대해서는 기권자가 42.60%(매우 반대 7.41%, 대체로 반대 35.19%)의 반대를 보였고, 투표자는 41.39%(매우 반대 16.34%, 대체로 반대 25.05%)가 반대했다. 반대 비율은 두 집단이 큰 차이가 없었지만, 매우 반대에서는 두드러진 차이가 나타났으며 통계적으로 유의미했다(Pearson chi2(3) = 17.0967 Pr = 0.001).

이 결과를 볼 때 캠페인 과정에서 발생했던 젠더 이슈를 둘러싼 논쟁이 투표 참여에 영향을 미쳤다고 추론할 수 있다. 또 다른 젠더 이슈인 여성할당제 폐지에 대해서도 비슷한 결과가 나타났다. 두 집단의 반대 비율은 각각 38.27%와 37.53%로 차이가 없었다. 하지만 '매우 반대'는 각각 6.17%와 11.49%로 드러나 차이를 보였으며 통계적으로 유의미한 결과였다(Pearson chi2(3) = 15.0033 Pr = 0.002).

제16대~제20대 대선 유권자 의식 조사를 통해서 살펴본 주요 정책에 대한 태도의 영향은 장기적인 흐름을 포착할 수 있는 여론 조사 문항의 부재와 일관된 흐름을 확인할 수 없었다. 그럼에도 기권자의 정책적 태도에 대한 추론을 할 수 있는 의미 있는 실마리를 확인할 수 있었다. 제17대 대선 조사에서 나타난 대기업 규제 완화 정책에 대한 기권자층의 상대적으로 높은 반대와 제20대 대선 조사에서 나타난 복지 확대에 대한 기권자층의 상대적으로 높은 선호는 기권자층이 투표 참여자층과 구별되는 정책적 선호를 가진 집단일 수 있다는 가능성을 시사한다. 또한, 제17대 대선에서 국가보안법과 한미동맹 이슈, 제20대 대선에서 젠더 이슈와 같이 선거 캠페인 과정에서 현저한 이슈로 부상했던 이슈가 기권층과 투표층의 정책적 태도에 미치는 영향이 확인되었다.

투표 기권 결정요인과
정책적 함의

기권 결정요인

다음 표는 제16대 대선~제20대 대선에서 유권자의 투표 기권 결정요인에 대한 통계분석(로짓) 결과 유의미한 요인으로 확인된 변수의 승산비(odd ratio)를 제시한다. 실증분석에서 사회경제적 배경으로는 연령, 학력, 가구 소득, 직업(무직과 블루칼라), 결혼 여부(결혼 후 동거), 성별 변수가 포함되었다. 정치적 변수로는 투표효능감, 정치효능감, 정치이념, 무당파, 이전 선거 기권 여부가 분석에 포함되었다. 또한, 정책적 차이에 대한 인식 변수가 분석에 포함되었다. 제16대 대선에서는 경제이익과 환경 보전, 여성할당제, 기업 규제, 복지 지출, 국가보안법, 소파개정, 제18~19대 대선에서는

제16~제20대선 기권 결정요인 변화(승산비)

구분	제16대	제17대	제18대	제19대	제20대
선거에 대한 관심	1.788	2.701	2.735	3.542	2.733
투표효능감	1.694	–	1.493	–	1.158
이전선거 기권	2.321	1.961	–	2.060	8.008
무당파	1.711	1.672	1.766	2.597	–
정치이념	–	0.93	–	–	–
연령	0.966	–	0.877	–	–
가구소득	–	–	–	0.879	–
기혼(동거)	–	0.585	–	0.585	0.541
무직	1.896	–	–	–	–
정책적 차이	–	1.331	1.516	–	–
복지태도	–	–	0.755	–	–

참고: 수치는 해당 선거에서 투표 기권에 유의미한 영향(0.05 수준)을 미친 요인의 승산비를 의미함. 승산비가 1보다 크면 독립변수가 증가함에 따라서 선거에서 기권 확률이 증가한다는 것을, 반대로 1보다 작으면 감소한다는 것을 의미함; 선거에 대한 관심 변수는 원자료는 4점 척도(1: 매우 많았다~4: 전혀 없었다); 투표효능감은 4점 척도(1: 매우 동의~4: 전혀 동의하지 않는다)로 되어 있으나 분석의 일관성을 위해서 거꾸로 코딩; 정책적 차이는 "선생님께서는 이번 선거에서 후보 간에 정책적 차이가 얼마나 있었다고 생각하십니까?" 문항에 기반을 두어 측정되었음, 응답 변수는 4점 척도(1: 매우 차이가 없었다~4: 전혀 차이가 없었다)로 측정.

재벌개혁, 복지 태도, 북한에 대한 지원, 제20대 대선에서는 한미동맹, 복지 태도, 고소득자 증세, 여성가족부에 대한 태도와 같은 정책에 대한 태도 변수가 포함되었다.

첫째, 정권교체 이후 다섯 번의 대선에서 기권 여부를 지속해서 결정한 변수는 '선거에 대한 관심' 변수였다. 선거에 기권한 유권자는 선거에 관해서 관심이 없기 때문이었다. 무관심이 선거 기권으로 이어진다는 것은 예측 가능한 결과다. 중요한 것은 왜 관심이 없느냐는 구체적인 이유다. 구체적인 이유에 대한 심층분석은 표적 집단조사(focus group interview)와 같은 연구를 통해서 보완되어야 한다. 언론 인터뷰를 통해서 드러난 선거에 대한 정치적 무관심의 구체적인 이유에 대해서 살펴보자.

가장 중요한 이유는 먹고살기 힘든 민생의 문제다. 부산 자갈치 시장 여주인은 "여기서 장사하는 '자갈치 아지매'들은 이번에는 투표 안 할 거라 한다"라며 "경제가 이 모양인데 무슨 선거에 관심을 두겠나?"라고 민생을 돌보지 않는 정치를 나무랐다(국회뉴스ON 2016. 5. 9). 또한 박 모 씨(45·삼문동)는 "지역에 출마한 예비후보의 이름은 익숙하지만, 평소 다른 지역발전을 위해 돌아다니다 선거철만 되면 고향으로 돌아오는 이유를 모르겠다. 움츠러든 민생에 먹고살기 바쁜데 선거에 관심 둘 여유가 없다"라며 무관심한 태도를 보였다(뉴시스 2012. 3. 18).

둘째, 앞의 분석에서 두 번째 중요한 요인은 투표효능감에 대한 부정적 인식이었다. 즉 투표가 시민들의 정치적 요구를 실현하는 가장 중요한 도구라는 투표효능감에 부정적인 시민들이 기권할 확률이 높았다. 시민들의 인터뷰에서도 투표가 변화를 끌어내지 못한다는 무력감의 중요성이 확인되었다. 청주 육거리 시장에서 떡집을 운영하는 이 모 씨(46)도 "항상 기대를 갖고 투표하지만 나아지는 것이 없어 관심도, 기대도 없다"라며 "정치에는 관심 없다"라고 말했다(국회뉴스ON 2016. 5. 9).

셋째, 18대 대선을 제외하고 분석대상 대선에서 '이전 선거 기권' 변수의 지속적인 영향력 또한 확인할 수 있었다. 이전 선거에서 기권 여부가 해당 선거에서 기권에 미친 영향을 고려할 때 한국 선거(대선)에서 기권자는 적지 않은 수가 습관적 기권자일 가능성이 크다.

넷째, 가장 최근 대선(20대 대선)을 제외하고 제16~제19대 대선에서 무당파 여부는 유권자들의 기권에 유의미한 영향을 미친 중요 요인이었다. 정치참여에서 정당 동원 요인의 중요성과 한국 정치의 높은 정당 불신을 생각하면 예측 가능한 결과다. 여기서 중요한 이슈는 한국 정치의 기권자가 습관적인 기권자일 가능성이 컸던 것처럼 한국의 무당파가 습관적 무당파인지 아닌지다. 한국 선거의 유권자 의식 조사가 해당 시점의 횡단면 분석 자료(cross-sectional data)이기 때문에 장기적인 추세를 추적하기에는 근본적인 한계가 있다. 이전 선거에서 기권 여부를 묻는 문항을 통해서 연속성을 간접적으로 추적할 수 있다. 제16대~제20대 대선에서 무당파 비율은 평균 40.95%(최저 18대 대선 25.15%~최고 19대 대선 55.47%)에 달했다. 이전 선거에서 기권한 응답자가 무당파인 비율은 19.16% 증가했다(최저 상승, 제16대 대선 12.66%~최대 상승 제19대 대선 28.4%).

다섯째, 앞선 연구에 따르면 서구 민주주의 국가에서 연령은 투표 참여와 기권에 뚜렷한 영향을 미친 변수였다. 구체적인 실증분석에 따르면 연령 변수는 두 번의 대선(제16대, 제17대)에서만 유의미한 영향력을 행사했다. 앞서 살펴본 대로 청년층이 중추적 유권자로 등장한 제20대 대선에서 연령과 투표율 사이의 곡선형 관계는 사라졌다. 연령은 연령 그 자체 아니라 다른 정치 변수들과 상호작용한다고 볼 수 있다.

여섯째, 직업(무직)과 가구소득 변수는 다섯 번의 대선 중 각각 제16대 대선과 제19대 대선에서만 유의미한 영향력을 보였다.

일곱째, 결혼(동거) 여부도 투표 기권에 큰 영향을 미친 사회경제적 배경 변수였다. 한국 사회는 급격한 변화를 겪어왔다. 2022년 1인 가구가 전체 가구의 3분의 1(716만 6,000가구, 33.4%)에 달했다. 또한 1인 가구 중 절반(50.3%)은 미혼 가구였다. 미혼이거나 결혼 후 이혼한 1인 가구 경우 결혼해 동거하는 집단에 비해서 선거에 기권에 확률이 (18대 대선을 제외하고) 지속적으로 유의미하게 높았다.

여덟째, 정책에 대한 태도는 제18대 대선에서 복지 태도 변수가 유권자 기권에 영향을 미친 변수로 나타난 사례가 유일했다. '세금을 더 내더라도 복지 지출을 늘려야 한다'라는 문항에 공감할수록 투표에 기권하는 확률이 높았다.

정책적 함의

한국 선거 여론조사의 근본적인 한계인 장기적이고 일관된 자료의 부재로 인해 이 연구의 중요한 문제의식인 투표 기권에 따른 투표의 편향과 대표의 편향 연결고리를 분석하는 데 한계가 있었다. 하지만 제한된 자료를 통해서 얻은 앞의 분석 결과가 대표의 편향이 존재하지 않는다고 단정하기는 이르다.

비록 제17대~제18대 대선 유권자 의식 조사에서 두 번만 포함되어 있어서 20년간의 장기적인 흐름을 추적하기는 어렵지만, 후보 간 정책적 차별성이 없다는 인식이 유권자의 기권으로 이어졌다는 결과는 중요한 시사점을 가진다. (습관적) 기권자의 기권 여부에 후보자 간 정책적 차이가 없다는 비판적 인식이 큰 영향을 미쳤다. 역대 최저 득표율 차를 기록할 만큼 거대 양당에 의한 최대한 동원이 이루어진 제20대 대선에서 기권한 한 유권자의 회고는 정책적 차별성 요인의 중요성을 잘 나타낸다. 권 씨는 "40대 초중반은 자산을 축적해둬야 하는 시기인데, 부동산 문제가 직격탄을 안겼다. 이재명, 윤석열 두 후보가 내놓은 공급 중심의 부동산 대책은 실현 가능성이 없는 게 뻔히 보이는데, 자꾸 실현 가능하다고 말을 하니 도저히 투표장에 갈 수가 없었다"라고 회고했다(한겨레 2022. 3. 11).

그렇다면 기권자와 투표자는 구별되는 정책적 선호를 가지고 있는가? 앞서 살펴본 대로 제20대 대선에서 기권자와 투표자 사이에 주요 정책에 대해서 유의미한 차이가 확인되었다. 소득 공평성(0: 소득이 더 공평해져야 한다~10: 노력한 만큼 차이가 나야 한다, 평균 6.542)에서도 기권자(평균 6.209)는 참여자(평균 6.596)보다 소득 공평성을 원했으며 두 집단의 차이는 통계적으로 유의미했다(0.05 수준). 또한 이에 대한 정책 대응으로서 '복지보다 경제발전에 더 힘을 기울여야

한다'라는 주장에 반대하는 비율이 기권자는 절반이 넘는 53.70%
인 반면에 참여자는 43.47%로 그쳤으며, 두 집단의 차이는 통계
적으로 유의미했다(0.05 수준).

　앞의 분석은 한국 민주주의의 미래와 관련해서 중요한 함의를
지닌다. 앞서 살펴본 것처럼 한국 선거에서 기권자가 습관적 기
권자일 가능성이 크고, 이들의 선호가 참여자의 선호와 차별적이
라면 투표의 편향과 대표의 편향이 발생할 수 있다. 대표의 편향
은 나아가 편향된 민주주의로 이어질 수 있다. 기권자와 투표자 사
이의 뚜렷한 정책 선호 차이가 나타난 제20대 대선에서 기권자와
투표자는 민주주의 체제 선호에 있어서도 유의미한 차이를 드러
냈다. '민주주의가 다른 제도보다 항상 우월하다'라는 질문에 기
권자는 66.67%만 지지를 나타내 투표자의 지지 비율 78.42%보
다 10%이상 낮았다(평균 76.79%). 반면에 '민주주의나 독재나 상관
없다'에 공감한 비율은 기권자가 17.90%로 나타나 투표자의 지지
비율 6.73%보다 2.5배 이상 높았다(평균 8.28%).

　첫째, 앞서 살펴본 대로 투표율이 가장 높은 대선에서 투표장에
나오지 않은 기권자는 습관적인 기권자일 가능성이 컸다. 향후 연
구에서 대선과 국회의원 선거에서 기권자에 대한 체계적이고 장기
적인 분석이 매우 중요하다. 이를 위해서는 이들을 대상으로 한 독
립적인 자료 구축이 필요하다.

　둘째, 기권자의 정책적 선호를 대변해서 이들을 투표장으로 끌
어낼 수 있도록 다양한 정치세력이 대표될 수 있는 제도 개혁이 중

요하다. 21대 국회의원 선거(2020. 4) 이전까지 선거제도는 형식적으로는 지역구의 단순다수대표제와 비례대표제가 결합된 혼합제였지만, 비례대표는 전체 300석 중에서 47석에 그쳐 사실상 다수제 제도였다. 더구나 다수제적 선거제도가 중앙집권적인 단임제 대통령제와 결합하면서 대표적인 승자독식 체제로 작동했다. 이 체제의 특징은 대통령직에 대한 보상이 매우 커서 선거에서 경쟁을 극대화한다. 하지만 거대 양당을 제외한 소수 정당에는 높은 진입장벽을 가진 카르텔 체제가 강화되었다. 앞서 살펴본 대로 선거 기권자는 후보자 간 정책 차이가 크지 않다고 인식하는 시민들은 투표장에 나오지 않을 확률이 높았다. 국회의원 선거에서는 혼합제 선거제도의 틀을 유지하는 경우 다양한 정치세력이 대표될 수 있도록 비례대표제를 대폭 확대하는 것이 첫 단추가 될 것이다. 대통령 선거의 경우 극심해진 정치 양극화의 상황에서 다양한 정치세력의 연합정치가 활성화될 수 있도록 결선투표의 도입이 필요하다.

셋째, 시민적 의무(civic duty)로써 투표에 대한 민주적 시민교육의 내실화가 필요하다. 투표 참여에 있어서 시민적 의무감의 영향력은 잘 알려져 있다(Riker and Ordershook 1968). 시민들은 선거 참여를 통해서 자신의 선호가 대표된다는 믿음이 없거나 시민적 의무에 강한 믿음이 없을 때 기권하는 경향이 있다(Blais and Achen 2019). 관련 문항이 포함된 제19대 대선 분석 결과는 시민적 의무감이 투표 참여에 가장 큰 영향을 미친 것으로 확인되었다(승산비 9.583). 정치참여 양상의 습관을 형성하는 청년기에 시민적 의무를 충분히 학습하고 경험할 다양한 기회를 얻는 것은 생애주기에 걸쳐 장기적인 영향을 미칠 것이다.

정치연구총서 06

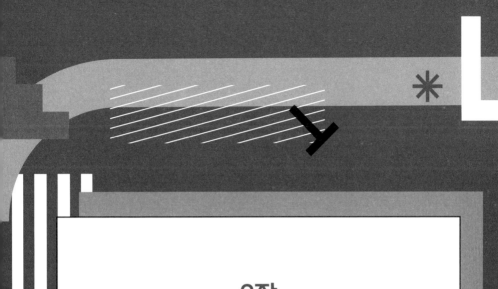

2장
투표 참여의 정치경제학

투표 참여의
정치경제학

　　　　　1장에서는 한국 선거에서 누가 왜 기권하는가에 초
점을 두고 논의했다. 시민들의 투표 참여는 민주주의 발전에 커다
란 영향을 미친다. 참여는 대표성과 밀접히 연관되어 있다. 국회
의원들은 기권자를 대표할 인센티브를 갖지 않는다. 민심과 표심
을 같은 것으로 치부하기 때문이다. 사실은 기권하는 사람들의 의
견도 민심의 일부다. 2장에서는 투표 참여의 정치경제학에 초점을
둔다. 특히, 소득에 따른 투표 참여의 편향과 소득 불평등이 투표
참여에 미치는 영향에 대해 집중적으로 논의한다. 경제적 불평등
이 정치참여의 불평등과 연관된다는 점을 제시한다. 불평등은 정
치, 사회, 문화, 건강에 다차원적으로 영향을 미친다. 봉준호 감독
의 영화 〈기생충〉이 제시하듯이, 불평등은 악몽을 낳는다. 한국에

서 심화되는 불평등은 정치적 악몽을 낳는가?

투표 참여와 민주주의

한국 선거에서 소득은 투표 참여에 영향을 미치는가? 많은 나라들에서 발견되는 투표 참여의 소득편향(income bias in voting) 현상이 한국에서도 발견되는가? 소득 불평등과 투표의 소득격차는 어떠한 관계를 나타내는가? 투표의 소득편향은 저소득층이 고소득층에 비해서 더 투표 불참을 많이 하고, 소득이 높을수록 투표 참여를 더 많이 하는 현상을 가리킨다. 이러한 현상은 선출직 대표들이 저소득층의 요구와 이익에 반응하지 않는 대신에 고소득층의 경제적 이해관계에 매우 민감하게 반응하는 '불평등한 반응성'(unequal responsiveness)과 연결되어 있다(이현경 · 권혁용 2016; Bartels 2008; Gilens 2012). 투표의 소득편향과 선출직 대표들의 불평등한 반응성이 결합되어 불평등한 민주주의(unequal democracy)로 이끌게 된다.

소득 불평등과 정치적 불평등은 밀접하게 연관되어 있다. 물론 두 가지 불평등 사이의 인과관계를 밝히는 것은 더 체계적인 이론 수립과 인과추론을 가능하게 하는 연구디자인과 결합된 경험적 분석을 필요로 하는 것이다. 그런데 분명한 것은, 소득 불평등이 시민들의 정치참여와 선택에 영향을 미친다는 점이다. 동시에 소득 불평등이 정당의 선거 전략과 정부의 정책 선택에 영향을 미치는

데, 소득에 따른 정치적 반응성의 불평등이 중요한 메커니즘으로 작동해 소득 불평등을 완화하기 어렵게 한다. 하나의 순환고리를 이루는 것이다. 이러한 점에서, 한국에서 투표 참여의 소득편향을 분석하고, 소득 불평등과 투표 참여의 소득편향의 관계를 고찰하는 것은 현실적으로 매우 중요한 연구주제다.

소득과 투표 참여

소득과 투표 참여의 관계에 관한 연구들은 일반적으로 소득이 높을수록 투표할 확률이 높고, 저소득층은 투표 참여가 상대적으로 낮은 경향이 있다는 점을 발견했다. 주로 미국 정치 연구에서 이러한 투표의 소득편향이 발견되며, 유럽 국가들을 대상으로 한 비교연구에서도, 그 정도는 미국에 비해 미약하지만, 소득에 따른 투표 참여의 격차가 발견되었다(Franklin 2004; Leighley and Nagler 2014; Wattenberg 2002).

투표의 소득편향 현상은 규범적으로 민주주의의 작동과 관련해서 중요한 이슈로 제기되어왔다. 고소득층이 저소득층에 비해서 투표장에서 훨씬 과대대표(overrepresentation)되고 있다는 것이다. 정치적 평등에 바탕한 민주주의의 원리에 어긋나는 현상이라는 점이 지적되어왔다. 그런데, 연구자들 사이에서 이견을 보이는 부분은 투표의 소득편향 현상이 소득 불평등이 증가해온 1980년대 이후에 그 이전 시기보다 더 심화되었는가 하는 점이다. 레일리와 네이글러(Leighley and Nagler 2014)는 미국에서 1972년에 나타난 투표의 소득편향 정도와 2008년의 편향 정도가 크게 차이가 나타나지 않는다고 주장했다. 이러한 점은 놀랍게도 1970년대 중반 이후에 비약적으로 증가한 미국의 소득 불평등에도 불구하고 나타나는 현상이다. 반면에, 프리먼(Freeman 2004)은 1970년대에 비해서 1990년대 말 미국 선거에서 투표 참여의 소득편향이 훨씬 심화되었다고 주장했다.

미국 선거정치 연구에서 통시적으로 소득에 따른 투표 참여의 불평등이 심화되었는지에 대한 논쟁이 활발하게 진행되어온 것에 반해서, 한국의 투표 참여 연구에서 투표 참여의 소득편향에 관한 연구는 거의 전무하다. 한편으로 소득보다는 지역, 세대, 이념에 따라 투표 참여가 어떻게 달라지는지를 분석하는 경향이 강했다(강원택 2010; 이갑윤: 2008). 또한 선거 경합도와 정치적 이념 성향 등 선거 국면적 변수나 정치적 요인으로 투표 참여를 설명하는 연구를 많이 진행했다(윤성호·주만수 2010; 조성대 2006; 한정훈·강현구 2009; 황아란 2008). 다른 한편으로, 소득과 투표 참여의 관계를 살펴본 연구들도 대부분 일시적인 횡단면 자료 분석에 머물러 온 것이 사실이다(서현진 2009; 서복경 2010). 이렇듯 기존 연구들이 횡단면 자료 분석이라는 제약이 있었기 때문에, 한국 선거에서 통시적으로 투표의 소득편향 현상이 발견되는지, 그리고 시기적으로 어떠한 추이를 보이는지에 대해 밝혀내지 못했다.

투표 참여의 합리적 선택 이론

누가 왜 투표하는가? 투표 참여에 관한 논의를 비용-이득 분석 (cost-benefit analysis) 이론 틀을 통해 접근할 수 있다. 소비자들이 비용에 비해 이득이 클 때 경제적 행위자로서 어떤 선택을 하듯이, 정치 영역에서도 시민들은 비용 대비 이득의 크기를 비교해서 정치적 선택을 한다. 선거에서 투표할 것인지 아니면 기권할 것인지 결정을 할 때, 유권자들이 투표함으로써 얻는 이득이 비용을 초과할 때 투표하기로 할 것이다.

대표적으로 다운스(Downs 1957)의 모델은 상대적 비용과 이득에 대한 개인의 평가를 반영한 것이다. 다운스(Downs 1957)는 네 가지 변수가 투표의 이득에 영향을 미친다고 제시했다(p.274). 첫째, 정당이 제시하는 정책의 차이에 대한 인식, 둘째, 선거가 얼마나 박빙 경합인가, 셋째, 투표 행위 자체의 가치, 그리고 넷째, 얼마나 많은 사람이 투표할 것인가에 대한 예측 등이 그것이다.

투표 참여에 대한 논의는 다음과 같은 간단한 교과서적 수식으로 표현할 수 있다(Enelow and Hinich 1984; Mueller 2003).

$$\text{Vote if and only if } P \times B - C + D > 0$$

여기에서 P는 어느 한 투표자의 표가 당선자를 결정지을 확률(즉 동률상황에서 결정짓는 타이브레이커(tie-breaker)가 될 확률), B는 선호하는 정당/후보자가 당선될 때 얻게 되는 심리적·물질적 효용, C는 투표에 드는 정보취합 비용 및 기회비용, 그리고 D는 시민적 의무감으로서 투표 자체로부터 얻게 되는 효용을 가리킨다. 이 수식을 위에 제시한 다운스의 네 가지 요인들과 견주어 살펴보면, 정당 정책의 차이에 대한 인식이 B의 값에 영향을 미칠 것이고, 선거 경합도에 대한 인식과 얼마나 많은 사람들이 투표할 것인가에 대한 인식이 P에 대한 인식(결정적인 표가 될 것이라는 인식)에 미칠 것이다. 또한 투표 행위 자체의 가치에 대한 투표자의 인식이 D에 영향을 미친다.

이 논의를 더 부연해서 설명하자면, 유권자들은 경쟁하는 정당들의 정책 차이가 뚜렷하게 나타날수록 B의 값이 커지고, 전체 유권자 수가 작고 선거가 경합적이어서 유권자가 자신이 결정적 투표를 행사할 가능성이 크다고 인식할수록 P의 값이 커진다. 그리고 정보취합 비용과 기회비용이 작을수록 투표에 드는 비용(C)이 작아지고, 투표가 시민의 덕목이라는 규범과 투표함으로써 얻는 표출 효용(expressive benefits)이 클수록 D가 커진다. 각각의 변수들이 투표할 확률에 영향을 미치게 될 것이다.

투표 참여의 정치경제학과 관련해서, 중요한 것은 소득계층에 따라 이러한 변수들이 어떻게 차이가 나는지, 소득계층에 따라 앞의 변수들에 대한 주관적 인식이 다르게 나타나는지에 따라 투표 참여의 확률이 다르게 나타날 것이라는 점이다. 월핑거와 로젠스톤(Wolfinger and Rosenstone 1980)은 미국 선거의 투표 참여에 대한 고전적인 연구에서 극빈층이 투표율을 낮추는 것은 사실이지만, 극빈층을 제외하고 나면 소득이 투표 참여에 그리 커다란 영향을 미치지 않는다고 주장했다(p.26). 그럼에도 불구하고 소득이 투표 참여와 연관될 수 있는 다섯 가지 이유를 제시한 바 있다(pp.20–22). 첫째, 저소득층은 매일매일의 생계와 직접적인 관련이 없는 일에 헌신할 수 있는 시간이 부족하다. 둘째, 고소득층은 정치참여와 관심의 정도를 증가시키는 경향이 있는 직업을 갖는다. 셋째, 소득은 사회적 네트워크에 영향을 미친다. 고소득층은 시민적 덕목과 참여를 강조하는 규범과 사회적 네트워크에 연관될 가능성이 크다. 넷째, 고소득층은 정치적, 사회적 사안에 대해서 적극적으로 의사를 표시하고 개입할 가능성이 크다. 다섯째, 고소득층은 저소득층에 비해서 현재 시스템에 더 큰 이해관계를 갖고 있다.

여기에서 언급할 점은, 유권자의 시각에서 투표 참여의 결정 요인을 논의할 때, 정당과 후보자의 전략적 행위, 그리고 선거 국면에서 제시되는 중요한 이슈가 무엇이며, 정당들이 어떠한 정책 공약을 제시하는가에 대한 위로부터의 접근(top-down approach)과 결합되어야 완전한 이론적 논의가 가능하다는 것이다. 올드리치(Adrich 1993)는 합리적 행위로서 투표는 다른 집단행동의 논리와 달리 그렇게 큰 비용이 들거나 커다란 이득을 얻는 행위는 아니라는 점을 강조한다. 따라서 투표 참여 여부를 결정짓는 것은 오히려 전략적인 정당 및 후보자들의 역할이 더 중요하다고 주장한다. 정당 및 후보자들의 정책의 차별성 여부와 캠페인을 통해 어느 계층집단의 투표를 더 독려하는지가 중요하다는 것이다.

불평등과 투표 참여

소득 불평등이 증가할수록 투표 참여의 소득편향도 증가하는
가? 많은 연구가 이 질문에 대한 답을 찾으려 했다. 소득 불평등과
투표 참여의 관계에 대해서 서로 대립되는 이론적 예측이 존재한
다. 첫째, 소득 불평등이 증가할수록 저소득층의 참여가 늘어나면
서 투표 참여의 소득편향이 줄어들 것이라는 주장이다. 이러한 주
장을 갈등 이론이라고 부른다. 불평등이 증가하면서 사회의 소득
분포 구조에서 저소득층의 위치가 이전보다 더 뚜렷하게 부각되
면서 불평등 이슈가 부각(salient)되며, 이는 저소득층의 계층의식을
증진시키고 따라서 저소득층의 적극적인 투표 참여와 재분배정책
요구를 기대할 수 있다는 것이다(Brady 2004). 소득 불평등의 증가
와 저소득층의 투표 참여 증가가 맞물려 있다는 주장이다. 그런데
이에 대한 일반적인 경험적 증거는 아직 부족한 것이 사실이다.

둘째, 상대적 권력 이론(relative power theory)이다. 소득 불평등이
증가할수록 저소득층과 고소득층의 자원이 더 격차를 갖게 되어
상대적 자원과 권력의 크기가 더 차이가 난다는 것이다. 이에 따라
투표 참여의 소득편향도 더 증가할 것이라는 주장이다. 소득과 자
산은 정치적 자원으로 이어진다는 전제에서 출발한다. 소득 불평

등이 심한 맥락에서는 고소득층의 정치적 자원과 저소득층의 자원 격차가 더 커지게 된다(Goodin and Dryzek 1980). 이러한 논의의 맥락에 따르면, 소득 불평등의 증가는 정치참여의 소득편향을 더 심화시키고, 고소득층의 견해와 담론이 공론장에서 더 힘을 발휘하면서 고소득층이 전파하는 가치와 규범을 저소득층이 내면화하는 적응을 보이게 된다(Gaventa 1980). 또한 솔트(Solt 2010)의 연구는 미국의 주(state-level) 데이터를 통해 주지사 선거를 분석한 결과, 소득 불평등이 높은 주일수록 전체 투표율이 낮았고, 소득 불평등이 높을수록 투표 참여의 소득편향이 증가했다. 소득 불평등이 심해질수록, 정치적 아젠다에서 부유한 계층의 지배도가 높아지는 반면 저소득층은 정치로부터 배제됨으로써 투표 참여에서의 불평등이 심화된다는 주장이다.

이러한 두 이론은 정치과정에서의 갈등과 투표 참여를 각 집단이 갖고 있는 자원(resource)으로 설명한다(Brady et al. 1995). 그런데, 베라멘디와 앤더슨(Beramendi and Anderson 2008)이 지적하듯이, 투표 참여를 자원뿐만 아니라 인센티브의 차이로도 설명할 필요가 있다. 여기에서 자원과 인센티브는 분석적으로 구분되는 개념이기는 하지만, 현실적으로는 긴밀히 맞물려 있기도 하다. 소득 불평등의 증가가 저소득층과 고소득층의 투표 참여의 인센티브에 어떠한 영향을 미치는가에 초점을 둘 필요가 있다는 것이다. 예컨대, 투표할 것인가 하지 않을 것인가를 결정할 때, 소득 불평등이 투표 참여에 미치는 영향은 선거 경쟁에 참여하는 정당들이 어떤 정책을 제시하는가에 의해 조건지어질 것이다. 정당이 제시하는 정책이 유권자들이 투표 여부를 결정할 때 중요한 B값, 즉 선호하는 정당의 승리로부터 얻게 되는 효용의 크기에 영향을 미칠 것이기 때문이다.

　소득 불평등과 투표 참여의 관계와 관련해서, 레일리와 네이글러(Leighley and Nagler 2014, pp. 8–9)는 다음의 두 가지 가상적 시나리오를 제시한다. 첫 번째 시나리오는 저소득층에게 유리한 재분배정책을 제시하는 정당이 하나가 존재할 경우다. 이때 저소득층은 두 정당 모두 재분배정책을 제시하지 않은 경우에 비해 정치적 소외를 덜 느끼게 된다. 따라서 소득 불평등이 증가하고 재분배정책이 현저한 선거 이슈로 등장할 때 하나의 정당이 재분배정책을 제시하고, 선거 경쟁에 뛰어든다면, 저소득층은 투표할 가능성이 높다. 이러한 재분배 이슈의 현저성은 고소득층에게도 투표할 인센티브를 제공해 고소득층의 투표 가능성도 높아진다. 이 경우, 종합적 효과는 저소득층의 투표율이 이미 낮은 수준이어서 이전에 비해 투표하는 저소득층 유권자 수가 급격하게 늘어날 것이기 때문에, 이미 투표 참여가 높았던 고소득층의 증가에 비해 더 높은 증가율을 보일 것이다. 따라서 투표의 소득편향이 줄어들게 될 것이다.

　두 번째 시나리오는 경쟁하는 어느 정당도 재분배정책을 제시하지 않는 경우다. 이 경우 저소득층은 소득 불평등이 증가한 상황에서 더 정치적 소외를 느끼게 될 것이고, 투표할 가능성이 낮아질 것이다. 이러한 경우, 저소득층이 고소득층에 비해 더 낮은 투표율을 보이면서, 투표 참여의 소득편향이 더 높아질 것이다. 이 두 가지 시나리오가 모두 전제하는 것은, 정당의 정책으로부터 도출되는 효용이 유권자들에게 투표함으로써 얻게 되는 이득과 연계되어 있다는 점을 전제로 한 것이다.

최근 연구들이 초점을 두는 점은 어떤 정치적, 제도적 조건이 소득 불평등과 저소득층-고소득층의 투표 참여의 연계에 영향을 미치는가에 관한 것이다. 서구 선진 민주주의 국가들을 대상으로 한 선구적 연구인 베라멘디와 앤더슨(Beramendi and Anderson 2008)에 따르면, 거시적인 차원에서, 소득 불평등이 높을수록 전체 투표율이 낮아졌다. 이는 고소득층과 저소득층 모두가 투표에 참여하지 않기 때문이었다. 하지만 메커니즘은 달랐는데, 저소득층은 증가하는 불평등이 그들이 정치참여에 투자할 자원을 낮추기 때문이고, 고소득층은 참여할 유인이 줄어들기 때문이다.

그럼에도 불구하고, 어떤 경우에 저소득층의 투표 참여가 증가할까? 앞에서 레일리와 네이글러(Leighly and Nagler 2014)가 제시했던 첫 번째 시나리오, 즉 선거 경쟁에 뛰어든 정당들 중 어느 하나의 정당이라도 재분배와 복지정책 확대를 주요한 선거공약으로 제시했던 경우를 떠올려 보자. 이 시나리오는 앤더슨과 베라멘디(Anderson and Beramendi 2012) 연구에서 구체적으로 탐색되었다. 구체적으로, 선거 경쟁에 뛰어든 좌파 정당의 수가 많을수록 저소득층의 투표 참여가 증가한다는 것이다. 좌파정당 간의 경쟁이 심할

수록 선거에서 좌파정당들이 저소득층 유권자를 동원하려는 유인이 커질 것이다. 따라서 소득 불평등과 투표율(aggregate turnout)의 음(–)의 관계는 정치 스펙트럼에서 왼쪽에 위치한 정당의 숫자에 따라 조절된다. OECD 국가를 대상으로 *Comparative Study of Electoral System* 서베이를 활용해서 분석한 결과, 소득 불평등이 심하고 좌파 정당의 숫자가 많을수록, 전체 투표율과 저소득층의 투표율이 증가하는 경향이 나타났다. 이는 좌파 정당이 선거 승리를 위해 저소득 유권자들의 투표 참여를 장려하기 때문이다.

그렇다면 소득 수준의 급격한 변화는 투표 참여 확률의 변화로 이어지는가? 쉐퍼 외(Schafer et al. 2022)의 연구는 북부 이탈리아의 서베이 데이터를 분석한 결과, 2008년 대침체(Great Recession) 이후 저소득층의 소득과 투표율이 모두 감소했는데, 저소득층에서 소득의 감소와 투표 참여의 감소가 상관관계를 나타냈다는 점을 보여주었다. 경제적 불안정을 겪을 때 발생하는 저소득층 투표 참여 감소는 투표 참여에서의 소득에 따른 불평등(income skew)을 악화시켜, 소득 불평등과 투표 불평등(turnout inequality)이 서로를 강화하는(reinforce) 악순환이 나타남을 보여준다.

반대로 고소득층의 투표 참여에 초점을 둔 연구도 있다. 왜 어떤 나라의 고소득층은 다른 나라의 고소득층보다 더 투표하는가? 왜 소득과 투표 참여의 관계가 국가 간 차이가 나타나는가? 캐서라와 수리야나라얀(Kasara and Suryanarayan 2015)의 연구에 따르면, 고소득층에 대한 조세부담의 잠재적 위협(potential tax exposure)이 소득과 투표 참여의 관계를 결정짓는다. 구체적으로, 부자들이 높은 세율을 위협으로 인식할수록 이들이 투표에 참여할 확률이 높다. 전세계 76개국을 대상으로 분석한 결과, 고소득층과 저소득층의 재분배정책에 대한 선호가 양극화될수록, 그리고 국가능력(관료 역량)이 높을수록, 고소득층의 투표 참여가 높았다. 이는 고소득자들의 경제적 이해관계에 대한 믿을 만한 위협이 이들을 투표에 참여하게끔 만든다는 주장이다.

투표 참여의 소득편향과
한국 민주주의

투표 참여의 소득편향

이 장에서는 민주화 이후 최근 선거에서 소득에 따른 투표 참여의 편향이 관측되는지 살펴본다. 앞 장에서 언급했듯이, 미국이나 유럽 민주주의 국가들, 또는 전 세계 민주주의 국가를 대상으로 한 많은 연구에서 고소득층이 저소득층에 비해 더 투표 참여가 높은 참여의 편향성을 발견했다. 나라와 지역에 상관없이 민주주의 국가들에서 공통적으로 발견되는 현상이다. 한국에서도 마찬가지로 소득에 따른 투표 참여의 편향이 관찰되는가?

여기에서는 〈한국종합사회조사(Korean General Social Survey)〉 자료를 활용한다. 〈한국종합사회조사〉는 다단계 임의추출 기법으로 추출된 응답자들을 대상으로 대면조사를 수행한 자료다. 투표 참여를 측정하기 위해 사용하는 문항은 "귀하는 지난 ___선거에서 투표하셨습니까?" 투표했다고 응답한 경우 '1', 투표하지 않았다고 응답한 경우 '0'으로 코딩했다. 분석에 포함된 선거는 세 차례의 대통령 선거와 네 차례의 국회의원 선거다(2002년 대선, 2004년 총선, 2007년 대선, 2008년 총선, 2012년 총선, 2012년 대선, 2016년 총선).

서베이 자료를 활용해서 투표 참여를 분석하는 경우 다음의 두 가지 점을 상기해야 한다. 첫째, 실제 투표율보다 여론조사 응답자들 중에 투표했다고 응답하는 사람들의 비율이 항상 높다는 점이다. 한편으로는 투표 불참자들일수록 여론조사에 참여하지 않을 가능성이 더 크기 때문이고, 다른 한편으로는 실제 투표하지 않았음에도 불구하고 투표했다고 응답할 인센티브가 존재하기 때문이다. 즉, 투표하는 것이 사회적으로 바람직한 행위로 인식되기 때문에 그에 맞추어, 실제 투표하지 않았음에도 투표했다고 응답하는 편향성이 있다(social desirability bias). 둘째, 선거의 층위에 따라 투표 참여 여부의 차이를 가져올 수 있다는 점이다. 예컨대, 대통령 선거가 더 중요한 선거로 인식되고 지방 선거의 중요성이 상대적으로 낮은 것으로 인식되면, 국회의원 선거에서는 기권하고 대통령 선거에서는 투표할 수도 있다.

투표 참여의 소득격차를 분석하기 위해서 소득계층을 어떻게 구분할 것인지가 중요한 문제가 된다. 소득은 대체로 주어진 소득구간 중에서 응답자가 선택하는 문항으로 구성되어 있다. 물론, 가구

소득 문항에 대한 응답의 정확성에 대해서 의문의 여지가 있다. 모든 가구 구성원의 소득을 정확히 알지 못하거나, 혹은 정확히 알더라도 축소보고(under-report)할 유인이 존재하기도 한다. 〈한국종합사회조사〉 자료에 포함된 세전(pre-tax and pre-transfer) 가구소득을 묻는 문항은 22개의 소득구간으로 범주화되어 있다. 이 문항을 바탕으로 우리는 다음의 두 가지 측정을 분석에 사용한다.

첫째, 22개의 소득구간을 저소득층-중산층-고소득층으로 구분한다. 여론조사가 수행된 시점의 한국 3인 가구 기준 중위소득(median income)을 활용한다. 중위소득보다 50% 이하 낮은 소득 구간을 응답한 사람들을 저소득층으로 구분한다. 중위소득의 50~150%에 해당하는 구간을 응답한 사람들을 중산층으로 구분하고, 중위소득보다 150% 이상 높은 구간을 응답한 사람들을 고소득층으로 구분한다. 둘째, 해당 시기 중위소득을 기준으로 중위소득 이하 집단과 중위소득 이상 집단을 구분한다. 중위소득을 기준으로 이하와 이상을 구분하는 것은 멜처-리차드(Meltzer and Richard 1981) 모델에서 제시한 중위소득과 소득 불평등, 그리고 정부의 크기에 대한 연구와 맞닿아 있다. 멜처와 리차드(Meltzer and Richard 1981)는 소득 불평등이 증가하면서 중위소득이 평균소득보다 하락하는 경향이 있고, 선거에서 결정적인 중위투표자(=중위소득)가 더 많은 재분배정책을 요구하면서 재분배정책을 제시하는 정당에 투표할 가능성이 높아진다는 이론을 제시했다. 두 개의 정당이 경쟁하고 다수제를 통해 승자가 결정되는 제도라면, 중위투표자(중위소득)의 선택이 결정적이기 때문이다. 선거 승리를 목적으로 하는 정당들은 중위투표자의 정책 선호에 조응하는 정책을 펼치게 될 것이다.

소득계층과 대통령 선거 투표율

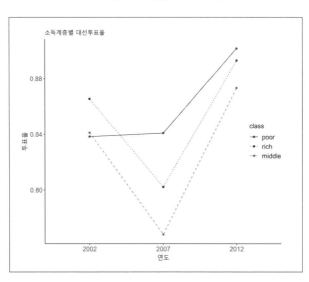

한국 대통령 선거에서 투표 참여는 소득에 따라 편향성을 나타내는가? 위의 그림은 2002년, 2007년, 2012년 대통령 선거에서 나타난 소득계층별 투표율을 나타낸다. 2002년 대통령 선거에서는 고소득층이 87%, 중간소득층이 84%, 저소득층이 84%가 투표했다고 응답했다. 2007년 대통령 선거에서는 고소득층이 80%, 중간소득층이 77%, 저소득층이 84%였으며, 2012년 대통령 선거에서는

누가 왜 기권하는가

고소득층 89%, 중간소득층 87%, 저소득층 90%가 투표에 참여했다고 응답했다. 앞의 그림을 통해, 2002~2012년 기간 세 차례의 한국 대통령 선거에서 소득계층에 따라 단선적으로 투표 참여의 편향을 나타내지 않았다는 점을 알 수 있다. 또 하나 유추할 수 있는 것은, 저소득층의 투표율이 다른 계층보다 높았던 선거였던 2007년, 2012년 대통령 선거에서 모두 이명박과 박근혜, 즉 보수정당 후보가 당선되었다는 점이다. 왜 한국의 저소득층은 다른 나라와 달리 투표율이 높을까? 왜 한국의 저소득층은 보수정당 후보를 지지하는 경향이 있을까? 현상적으로 패러독스처럼 보이는 이 현상은 사실 누가, 어떤 사람들이 저소득층인가를 따져 보아야 한다.

소득계층과 국회의원 선거 투표율

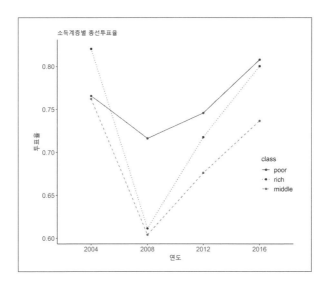

앞의 그림은 소득계층별로 2004년, 2008년, 2012년, 2016
년 국회의원 선거에서 투표했다고 응답한 비율을 표시한 것이다.
2004년 국회의원 선거에서 저소득층의 76%, 중간소득층의 76%,
그리고 고소득층의 81%가 투표했다고 응답했다. 반면에 2008년
총선에서는 저소득층이 72%로 가장 높은 투표율을 나타냈고, 중
간소득층 60%, 그리고 고소득층 58%로 낮은 투표율을 기록했다.
2012년 총선에서도 비슷한 패턴이 발견된다. 저소득층 75%, 중
간소득층 68%, 그리고 고소득층 66%의 순서로 나타났다. 2016년
총선에서도 저소득층이 가장 높은 81%, 고소득층 78%, 중간소득
층 74%의 순서를 기록했다. 정리하면, 2004년 총선을 제외한 다
른 국회의원 선거에서 모두 저소득층이 다른 계층에 비해 높은 투
표 참여를 한 것으로 나타났다. 2004년 국회의원 선거에서만, 소
득에 따른 투표 참여의 편향이 발견된 반면에, 다른 선거들에서는
역전된 소득편향, 즉 저소득층이 가장 높은 투표율을 기록하는 현
상이 발견된다.

앞에서 제기했던 문제, 즉 누가 저소득층인가를 생각해보자. 앞
의 두 그림에서 저소득층으로 구분된 응답자들 중 상당수가 60대
이상 노년층이다. 다르게 말하면, 60대 이상 노년층의 상당수가
저소득층에 속한다. 뒤에서 살펴보겠지만, 한국 선거에서 노년층
은 청년층에 비해 훨씬 더 투표 참여가 높다. 또한 노년층은 다른
연령·세대에 비해 보수적 정치성향을 갖고 있다. 중요하게는, 한국
은 OECD 국가 중에서 노인빈곤율이 가장 높은 나라라는 점이다.

한국의 노년층 상당수는 저소득층, 혹은 나아가서 빈곤층에 속한다는 점이다. 이러한 사실들을 종합해볼 때, 한국 선거에서 저소득층의 투표 참여가 높은 것은 대부분 가난한 노년층의 투표 참여가 높다는 점 때문이라고 할 수 있다. 한국 선거에서 저소득층이 보수정당 후보를 지지하는 패러독스는 가난한 노년층이 보수정당 후보를 지지하는 현상 때문이다.

중위소득 기준 대통령 선거 투표율

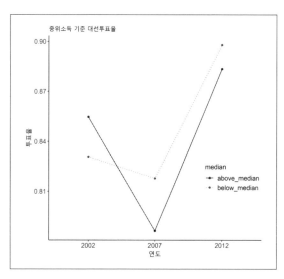

위 그림은 중위소득 기준 이상과 이하 집단별로 구분해서 대통령 선거 투표율을 나타낸 것이다. 중위소득을 기준으로 이하와 이상을 구분하는 것은 멜처-리차드(Meltzer and Richard 1981) 모델에서

제시한 중위소득과 소득 불평등, 그리고 정부의 크기에 대한 연구와 맞닿아 있다. 멜처와 리차드(Meltzer and Richard 1981)는 소득 불평등이 증가하면서 중위소득이 평균 소득보다 하락하는 경향이 있고, 선거에서 결정적인 중위투표자(=중위소득)가 더 많은 재분배정책을 요구하면서 재분배정책을 제시하는 정당에 투표할 가능성이 높아진다는 이론을 제시했다. 이러한 두 가지 소득집단 구분을 통해 한국 사회에서 투표 참여와 소득의 관계를 분석한다.

앞의 그림이 나타내듯이, 2002년 대통령 선거에서 중위소득 이상 유권자의 투표율이 평균적으로 중위소득 이하 유권자 투표율보다 약 3% 정도 더 높았다. 그러나 2007년 대통령 선거에서는 중위소득 이하 유권자 투표율이 평균 약 4%, 그리고 2012년 대통령 선거에서는 약 1% 정도 더 높았다. 앞서 언급했듯이 중위소득 이하 집단의 투표율이 더 높았던 선거에서 보수정당 후보가 당선되었다. 일부 언론계에서 표현했던 이른바 '계급배반투표'의 결과일 수도 있다. 여기서 '계급배반투표'라는 표현이 한국에서 학술적으로 정확한 표현이 아니라는 점을 지적하고 싶다. 그 이유는 첫째, 배반할 의식적 계급 자체가 형성된 역사적 경험이 없기 때문이고, 둘째, 현대 사회에서 계급은 직업군과 기술숙련도의 결합에 따른 구분인데, 언론에서 계급배반투표를 이야기할 때는 소득 구분을 기준으로 사용하기 때문에 엄밀한 의미에서 '소득계층배반투표'라고 말해야 정확하다. 소득과 계급은 다른 개념이기 때문이다.

중위소득 기준 국회의원 선거 투표율

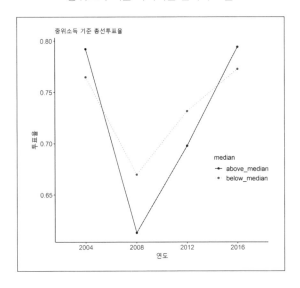

위 그림은 2004~2016년 기간 네 차례의 국회의원 선거에서 나
타난 중위소득 이상 집단과 이하 집단의 평균 투표율 차이를 나타
낸다. 2004년 국회의원 선거와 2016년 국회의원 선거에서 중위
소득 이상 집단의 평균 투표율이 중위소득 이하 집단보다 높은 것
으로 나타났다. 반면에, 2008년과 2012년 국회의원 선거에서는
중위소득 이하 집단의 투표율이 더 높았다.

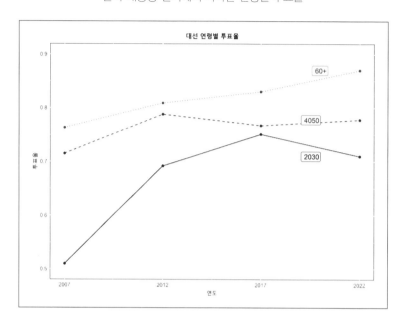

한국 대통령 선거에서 나타난 연령별 투표율

선진 민주주의 국가뿐만 아니라 한국 선거 연구에서도 연령이 높을수록 투표할 확률이 높다는 것은 잘 알려진 사실이다. 연령이 높을수록 투표 참여에 필요한 자원, 즉 정보취합 비용이 적게 들거나, 더 많은 유휴시간을 갖고 있거나, 아니면 더 정치에 관심이 높은 경향이 있다. 따라서 연령이 높을수록 투표에 참여할 확률이 높을 것이라고 예측할 수 있다. 위 그림은 유권자 집단을 20~30대, 40~50대, 그리고 60대 이상의 세 연령집단으로 구분하고, 연령집단별 평균 투표율을 나타낸 것이다. 2007~2022년 대통령 선거를 대상으로 분석했다.

선거 국면마다 차이는 있으나, 네 차례 선거 모두 60대 이상이 가장 높은 투표율을 기록했고, 20~30대가 가장 낮은 투표율을 나타냈다. 40~50대 중장년층이 중간 정도에 위치했다. 연령에 따른 단선적인 투표 참여의 편향이 나타난다. 이념 성향이나 지지 정당에 있어 60대 이상에서 보수적 이념 성향, 그리고 보수정당 지지 정도가 가장 높게 나타난다는 점은 잘 알려져 있다. 반대로 40~50대에서는 약간의 차이를 두고 진보 성향, 그리고 민주당 계열 정당 지지가 높다. 20~30대의 경우, 선거 국면마다 차이를 보인다. 또한 성별에 따른 연령집단 내 차이도 가장 뚜렷하게 나타난다.

선거 승리를 목적으로 하는 정당의 입장에서 중요한 것은, 첫째, 지지세력(소득계층별, 연령별, 성별, 지역별 등)을 극대화하는 것과 둘째, 지지세력의 투표율을 극대화하는 것이다. 그럴 때 그 정당의 득표가 최대화된다. 첫 번째를 설득(persuasion) 작업이라고 한다면, 두 번째는 동원(mobilization) 작업이다. 더 많은 유권자가 그 정당을 지지하도록 설득해야 하고, 그 정당을 지지할 것이라 예상되는 유권자들이 더 많이 투표장에 나와야 한다. 설득과 동원이다.

불평등과 투표 참여의 소득편향

저소득층이 고소득층에 비해서 투표 참여를 덜 한다는 발견은 소득 불평등 수준에 따라 다른 패턴을 보이는가? 객관적인 소득 분포의 불평등 정도와 투표 참여의 소득격차는 어떠한 관계를 나타내는가? 여기서는 탐색적 수준에서 소득 불평등과 투표의 소득격차의 관계를 살펴본다. 통계청에서 발표하는 지니계수는 2006년 이후부터 입수 가능하다. 따라서 이 절의 분석은 2006~2014년의 9개 자료만으로 소득 불평등과 투표 참여의 소득격차의 관계를 살펴보아야 하는 제약이 있다. 물론 서베이 자료에서 소득 불평등에 대한 응답자의 인지와 태도를 묻는 문항들이 있으나, 주관적인 소득 불평등 인식보다는 객관적인 소득 불평등 수준과 투표 참여의 소득격차의 관계를 분석하기 위해 부득이하게 탐색적 수준에서 상관관계를 산점도(scatterplot)를 통해 고찰한다.

소득 불평등과 투표 참여의 소득편향

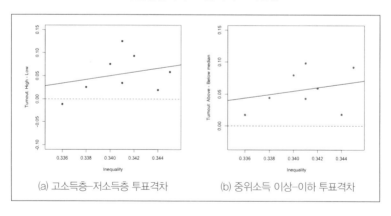

위 그림은 통계청 자료인 세전 가구소득 지니계수로 측정한 소득 불평등과 투표의 소득격차의 관계를 보여준다. 패널 (a)는 고소

득층과 저소득층의 투표격차를 보여주고, 패널 (b)는 중위소득 이상 집단과 중위소득 이하 집단의 투표 참여 격차를 보여준다. 두 패널 모두 소득 불평등과 투표의 소득격차가 양(+)의 상관관계를 나타낸다는 점을 제시한다. 즉, 2006~2014년 시기 한국 사회의 소득 분포가 불평등할수록 투표 참여의 소득격차도 더 뚜렷하게 나타난 것이다.

 소득 불평등과 투표 참여의 소득편향에 대한 체계적인 분석을 수행한 것은 아니지만, 앞의 그림에 제시된 패턴은 상대적 권력 이론의 주장에 조응하는 경험적 증거라고 할 수 있다. 즉, 소득 불평등이 높은 맥락에서 고소득층의 정치적 자원이 더 파급효과를 갖게 되고, 고소득층의 투표 참여는 최소한 그대로 유지되는 반면에, 저소득층의 투표 참여는 더 감소하게 된다는 것이다. 이 경우, 그 효과는 투표 참여의 소득격차의 확대가 된다. 그리고 소득 불평등과 투표의 소득격차는 양(+)의 상관관계를 나타내게 된다.

 소득 불평등과 투표 참여의 소득격차가 양(+)의 상관관계를 나타내는 것으로 제시되었다. 한국 사회에서 소득 분포가 불평등할 때 투표 참여의 소득격차가 높았던 것으로 나타났다. 이러한 분석 결과는 갈등 이론보다는 상대적 권력 이론에 조응하는 특징을 보여준다. 즉, 소득 불평등이 높을수록 더 많은 정치적 자원을 갖는 고소득층의 목소리가 더 활성화되고, 적은 정치적 자원을 가진 저소득층은 정치과정에서 소외되거나 스스로 기권하는 현상이 발견되는 것이다.

통시적으로 살펴보았을 때, 투표율이 낮을 경우 투표 참여의 소득격차가 더 두드러지게 나타난다는 점을 보여준다. 낮은 투표율은 저소득층 중에서 기권자가 고소득층 기권자에 비해 더 많다는 점을 암시한다. 따라서 투표의 소득격차는 더 증가하게 된다. 또한 소득 불평등의 정도가 높을 때 투표의 소득격차가 높아진다는 점도 소득 불평등의 증가가 저소득층의 정치소외 및 정치과정으로부터의 기권을 유도한다는 점을 보여준다. 소득 불평등이 높을수록 불평등한 정치참여가 더 심화되는 것이다.

투표 참여와 한국 민주주의

투표 참여와 한국 민주주의 발전의 관계에 대한 고민이 필요하다. 더 많은 사람이 투표장에 나와서 자신의 정치적 선택을 나타내는 것이 한국 민주주의 발전에 도움이 될까? 그렇다면, 어떤 이유에서 그러할까?

선거민주주의 지수와 투표율

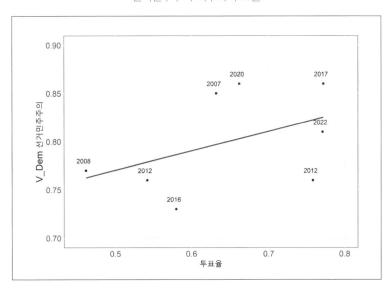

자유민주주의 지수와 투표율

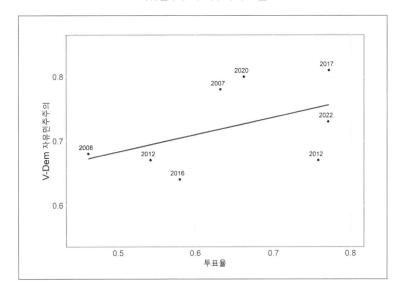

앞의 그림은 스웨덴 예테보리대학교의 〈민주주의의 다양성〉 (Varieties of Democracy: V-Dem) 프로젝트 지표를 활용해서 한국의 투표율과 민주주의 지수의 관계를 나타낸 것이다. 선거민주주의 (polyarchy) 지수는 공정하고 경쟁적인 선거가 시행되며 선거를 통해 국가의 요직이 결정되는지, 그리고 선거 시기에 표현의 자유가 보장되는지 등을 기준으로 측정된다. 민주주의 연구의 석학 로버트 달(Dahl 1971)이 그의 저서 〈*Polyarchy*〉에서 제시한 두 가지 기준인 경쟁(contestation)과 참여(inclusion)를 반영한 것이다. 자유민주주의 지수는 공권력 또는 다수의 횡포로부터 개인의 권리가 얼마나 잘 보호되는지를 반영하는 지표다. 헌법상 기본권의 보장, 법치국가 원칙의 적용 수준, 사법부 독립성, 권력의 분립과 상호 견제, 공권력 사용의 제한 등을 기준으로 측정된다.

한국의 선거민주주의 지수와 자유민주주의 지수는 유사한 추이를 보여준다. 박정희와 전두환 권위주의 체제에서 매우 낮은 수치를 보였고, 1987년 민주화 이후에 급격하게 상승해서 김대중, 노무현 정부를 거치면서 높은 수치를 기록하다가 이명박, 박근혜 정부 시기에 감소했으며, 문재인 정부 시기에 다시 상향하는 추이를 보인다. 윤석열 정부 시기인 2022년 다시 감소한다. 자유민주주의 지수도 유사한 추이를 보이는데, 선거민주주의 지수에 비해 낮은 수치를 기록하고 있다. 한국 정치양극화의 심화는 2016~2017년 박근혜 정부 시기 촛불집회와 탄핵 국면을 거치면서 진행되었다. 그리고 민주주의 퇴행의 다양한 징후들이 문재인-윤석열 정부 시기에 관찰되었다.

앞의 그림은 투표율과 선거민주주의, 그리고 자유민주주의 사이에 정(+)의 상관관계가 나타남을 보여준다. 투표율이 높을 때 민주주의 지수가 대체로 높은 경향을 보였고, 반대로 투표율이 낮을 때 민주주의 지수가 낮은 경향을 나타냈다. 높은 정치참여율로 나타난 민심이 정치엘리트들로 하여금 민주주의 가치와 제도, 그리고 규범에 맞는 정치활동과 국정운영을 하도록 유인했다고 볼 수 있다.

25년 전 미국 정치학회장 연설에서 레이파트(Lijphart 1997)는 "민주주의의 해결되지 않은 딜레마"(democracy's unresolved dilemma)로 정치참여의 불평등을 지적한 바 있다. 저소득층과 고소득층의 정치참여의 격차가 심화되면서 투표장에서 고소득층이 과다대표(overrepresentation)되는 현상을 가리킨 것이다. 정치적 평등의 원리에 바탕한 민주주의에서 소득에 따른 특정 계층이 과다대표되는 것은 민주주의의 원리에 커다란 위협이 된다. 그리고, 이후 많은 연구들을 통해 투표장에서뿐만 아니라, 정치과정과 그 산출물인 정책에서 고소득층의 요구와 이익이 훨씬 더 대표된다는 점이 밝혀졌다(Bartels 2008; Gilens 2012). 앞에서 이러한 정치적 불평등의 한 단면이 한국 선거에서 소득 불평등과 정치참여의 불평등이 맞물려서 전개된다는 점을 제시했다.

한국 선거에서 누가 왜 투표하는가, 누가 왜 기권하는가를 밝히는 것은 매우 중요한 작업이다. 아울러 한국 사회에서 어느 집단의 이익과 요구가 다른 집단에 비해 더 많이, 더 지속적으로 반영되고 대표되는가에 대한 체계적이고 실증적인 연구가 필요하다. 누가 참여하는가와 누가 대표되는가는 서로 맞물려 있기 때문이다. 누가 참여하고, 누가 대표되는가는 민주주의의 발전을 위해 중요하기 때문이다.

참고문헌

국내 문헌

강원택. 2010. 〈한국 선거정치의 변화와 지속〉. 파주: 나남.
김성연. 2015. "한국 선거에서 투표 참여집단과 불참집단의 정책 선호와 사회경제적 배
　　　경: 2012년 양대 선거를 중심으로." 〈아태연구〉 22(4): 41–68.
김욱. 2006. "선거의 유형과 투표 참여." 〈한국정치연구〉 15(1): 99–121.
김지범 · 강정한 · 김석호 · 김창환 · 박원호 · 이윤석 · 최슬기 · 김솔이. 2017. 〈한국종합
　　　사회조사 2003–2016〉. 서울: 성균관대학교출판부.
문우진. 2017. "한국에서의 소득기반 투표의 비활성화." 〈한국정치학회보〉 51(4): 101–122.
서복경. 2010. "투표 불참 유권자집단과 한국 정당체계." 〈현대정치연구〉 3(1): 109–129.
서현진. 2009. "투표 참여와 학력 수준." 김민전 · 이내영 공편, 〈변화하는 한국유권자 3〉,
　　　서울: 동아시아연구원, pp.131–158.
이갑윤. 2008. "한국선거에서의 연령과 투표 참여." 〈의정연구〉 26: 93–116.
이현경 · 권혁용. 2016. "한국의 불평등과 정치선호의 계층화." 〈한국정치학회보〉 50(5):
　　　89–108.
윤성호 · 주만수. 2010. "투표 참여의 경제학: 제18대 국회의원 선거 투표율 결정요인 분
　　　석." 〈경제학연구〉 58(2): 221–254.
조성대. 2006. "투표 참여와 기권의 정치학: 합리적 선택이론의 수리모형과 17대 총선."
　　　〈한국정치학회보〉 40(2): 51–74.
한정훈 · 강현구. 2009. "유권자의 합리적 선택과 정치엘리트의 전략적 행위가 투표율에
　　　미치는 영향: 제18대 국회의원선거 사례분석." 〈한국정치연구〉 18(1): 51–82.
황아란. 2008. "선거환경변화가 당선경쟁과 투표율에 미친 영향." 〈한국정당학회보〉
　　　7(2): 83–109.

외국 문헌

Aldrich, John. 1993. "Rational Choice and Turnout." *American Journal of Political Science* 37(1): 246-278.

Almond, Gabriel Abraham, and Sidney Verba. 2015. *The civic culture: Political attitudes and democracy in five nations*. Princeton university press.

Anderson, Christopher J., and Pablo Beramendi. 2008. "Income, Inequality, and Electoral Participation." in Pablo Beramendi and Christopher J. Anderson (eds.), *Democracy, Inequality, and Representation*. New York: Russell Sage Foundation, pp.278-321.

Anderson, Christopher J., and Pablo Beramendi. 2012. "Left parties, poor voters, and electoral participation in advanced industrial societies." *Comparative Political Studies* 45(6): 714-746.

Bartels, Larry M. 2008. *Unequal Democracy*. Princeton, NJ: Princeton University Press.

Beramendi, Pablo, and Christopher J. Anderson (eds.). 2008. *Democracy, Inequality, and Representation*. New York: Russell Sage Foundation.

Blais André. 2006. "What Affects Voter Turnout." *Annual Review of Political Science* 9: 111-125.

Blais, André, and Christopher H. Achen. 2019. "Civic duty and voter turnout." *Political Behavior* 41: 473-497.

Bonica, Adam, Nolan McCarty, Keith T. Poole, and Howard Rosenthal. 2013. "Why Hasn't Democracy Slowed Rising Inequality?" *Journal of Economic Perspectives* 27(3): 103-124.

Brady, Henry. 2004. "An Analytical Perspective on Participatory Inequality and Income Inequality." In *Social Inequality*, ed. Kathryn M Neckerman. New York: Russell Sage Foundation, pp.667-702.

Brady, Henry, Sidney Verba, and Kay Schlozman. 1995. "Beyong SES: A Resource Model of Political Participation." *American Political Science Review* 89(2): 271-294.

Campbell, Angus, Gerald Gurin, and Warren Edward Miller. 1954. "The voter decides." Row, Peterson, and Company, New York.

Campbell, Converse, Miller, and Stokes. 1960. *The American voter*. New York: John Wiley & Sons, Inc.

Converse, Philip E. 1969. "Of Time and Partisan Stability." *Comparative Political Studies* 2: 139-171.

Craig, Stephen C., Richard G. Niemi, and Glenn E. Silver. 1990. "Political efficacy and trust: A report on the NES pilot study items." *Political Behavior* 12: 289-314.

Cutler, Neal E., and Vern L. Bengtson. 1974. "Age and Political Alienation: Maturation, Generation and Period Effects." *The ANNALS of the American Academy of Political and Social Science* 415(1): 160–175.

Dahl, Robert. 1971. *Polyarchy: Participation and Opposition*. Yale University Press.

Dahl, Robert. 2006. On political equality. Yale University Press.

Downs, Anthony. 1957. *An Economic Theory of Democracy*. New York: Harper & Low.

Enelow, James, and Melvin Hinich. 1984. *The Spatial Theory of Voting: An Introduction*. Cambridge: Cambridge University Press.

Franklin, Mark N. 2004. *Voter Turnout and the Dynamics of Electoral Competition in Established Democracies since 1945*. Cambridge: Cambridge University Press.

Freeman, Richard. 2004. "What, Me Vote?" In *Social Inequality*, ed. Kathryn M Neckerman. New York: Russell Sage Foundation, pp.703-728.

Gerber, Alan S., et al. 2010. "Personality and Political Attitudes: Relationships across Issue Domains and Political Contexts." *American Political Science Review* 104(1): 111-133.

Gerber, Alan S., Donald P. Green, and Ron Shachar. 2003. "Voting may be habit‐forming: evidence from a randomized field experiment." *American Journal of Political Science* 47(3): 540-550.

Gilens, Martin. 2012. *Affluence and Influence: Economic Inequality and Political Power in America*. Princeton, NJ: Princeton University Press.

Goodin, Robert, and John Dryzek. 1980. "Rational Participation: The Politics of Relative Power." *British Journal of Political Science* 10(3): 273-292.

Green Donald, Bradley Palmquist, and Eric Schickler. 2002. *Partisan Hearts and Minds: Political Parties and the Social Identities of Voters*. Yale University Press.

Huber, Evelyne, and John D. Stephens. 2012. *Democracy and the Left: Social Policy and Inequality in Latin America*. Chicago, IL: University of Chicago Press.

Kaase, Max and Alan Marsh. 1979. "Political Action: A Theoretical Perspective", in Barnes and Kaase (eds). "Political action: Mass participation in five western democracies." pp. 27-56.

Kam, Cindy D., and Carl L. Palmer. 2008. "Reconsidering the Effects of Education on Political Participation." *Journal of Politics* 70(3): 612-631.

Kang, WooJin. 2017. "Income and Voting Behavior in Korean Politics: Why Do the Poor Support Conservative Political Parties?." *Journal of International and Area Studies* 24(2): 15-33.

Kasara, Kimuli, and Pavithra Suryanarayan. 2015. "When do the rich vote less than the poor and why? Explaining turnout inequality across the world." *American Journal of Political Science* 59(3): 613-627.

Kenworthy, Lane, and Jonas Pontusson. 2005. "Rising Inequality and the Politics of Redistribution in Affluent Countries." *Perspectives on Politics* 3(3): 449-471.

Leighley, Jan E., and Jonathan Nagler. 2014. *Who Votes Now? Demographics, Issues, Inequality, and Turnout in the United States*. Princeton, NJ: Princeton University Press.

Lewis‐Beck, Michael S., Richard Nadeau, and Angelo Elias. 2008. "Economics, party, and the vote: Causality issues and panel data." *American Journal of Political Science* 52(1): 84-95.

Lijphart, Arend. 1997. "Unequal Participation: Democracy's Unresolved Dilemma." *American Political Science Review* 91(1): 1-14.

Marsh, Alan, and Max Kaase. 1979. *Political action: Mass participation in five western democracies*. Sage Publications.

Mayer, Alex. 2011. "Does Education Increase Participation?" *Journal of Politics* 73(3): 633-645.

Meltzer, Allan H., and Scott F. Richard. 1981. "A rational theory of the size of government." *Journal of political Economy* 89(5): 914-927.

Mueller, Dennis C. 2003. *Public Choice III*. Cambridge: Cambridge University Press.

Radcliff, Benjamin. 1992. "The Welfare State, Turnout, and the Economy: A Comparative Analysis." *American Political Science Review* 86(2): 444-456.

Riker William H. and Peter C. Ordeshook. 1968. "A Theory of the Calculus of Voting." *American Political Science Review* 62(1): 25-42.

Rosenstone, Steven J. and John Mark Hansen. 1993. *Mobilization, Participation, and Democracy in America*. New York: Macmillan.

Schafer, Jerome, et al. 2022. "Making unequal democracy work? The effects of income on voter turnout in Northern Italy." *American Journal of Political Science* 66(3): 745-761.

Schlozman Kay Lehman, Henry E. Brady, and Sidney Verba. 2018. *Unequal and Unrepresented: Political Inequality and the People's Voice in the New Gilded Age*. Princenton University Press.

Smets Kaat, Carolien van Ham, 2013. "The embarrassment of riches? A meta-analysis of individual-level research on voter turnout." *Electoral Studies* 32(2): 344-359,

Solt, Frederick. 2010. "Does Economic Inequality Depress Electoral Participation? Testing the Schattschneider Hypothesis." *Political Behavior* 32(2): 285-301.

Verba, Sidney. 2003. "Would the Dream of Political Equality Turn Out to Be A Nightmare?." *Perspectives on Politics* 1(4): 663-680.

Verba, Sidney, Kay L. Schlozman, and Henry Brady. 1995. Voice and Equality: Civic Voluntarism in American Politics. Cambridge: Cambridge University Press.

Wattenberg, Martin. 2002. Where Have All the Voters Gone? Cambridge, MA: Harvard University Press.

Wolfinger, Raymond, and Steven Rosenstone. 1980. Who Votes? New Haven: Yale University Press.

이 저서는 2017년 대한민국 교육부와 한국연구재단의
한국사회과학연구(NRF-2017S1A3A2066657)의 지원을 받아 수행한 연구임.

정치연구총서 06

누가 왜 기권하는가
투표 참여와 기권의 정치경제학

제1판 1쇄 2024년 2월 28일

지은이   강우진, 권혁용
펴낸이   장세린
편집   배성분, 박을진
디자인   장세영

펴낸곳   (주)버니온더문
등록   2019년 10월 4일(제2020-000051호)
주소   서울특별시 용산구 청파로93길 47
홈페이지   http://bunnyonthemoon.kr
SNS   https://www.instagram.com/bunny201910/
전화   010-3747-0594   팩스 050-5091-0594
이메일   bunny201910@gmail.com

ISBN   979-11-93671-03-0 (94340)
ISBN   979-11-980477-3-1 (세트)